AF502977

QUELQUES-UNES

DES CAUSES PRINCIPALES

QUI ONT AMENÉ

LA RÉVOLUTION

DE 1830.

QUELQUES-UNES
DES CAUSES PRINCIPALES
QUI ONT AMENÉ
LA RÉVOLUTION
DE 1830.

PAR UN ANCIEN MEMBRE DE LA CHAMBRE DES DÉPUTÉS.

> Une des causes de la destruction d'Athènes, c'est la ruine des anciennes familles, accoutumées depuis plusieurs siècles à confondre leur gloire avec celle de la patrie ; elles étaient plus intéressées à la soutenir que ces hommes nouveaux, qui font toujours pencher la balance du côté du peuple, afin de conserver l'autorité.
>
> (Aristote, *de Rep.*, l. 5, c. 3, t. 2, p. 389.)

A PARIS,

CHEZ G.-A. DENTU, IMPRIMEUR-LIBRAIRE,
RUE DU COLOMBIER, N° 21;
et Palais-Royal, galerie d'Orléans, n° 13.

M D CCC XXXI.

QUELQUES-UNES

DES CAUSES PRINCIPALES

QUI ONT AMENÉ

LA RÉVOLUTION

DE 1830.

EXPOSITION.

Motifs de cet écrit. —Vérités nécessaires. — Paroles de Bossuet. — Restauration manquée. — Anomalies politiques. — Dangereux système suivi par les Capétiens. — Aristocratie, élément indispensable de toute société politique.—Défiance condamnable des rois envers elle.—Découragement qui est la suite nécessaire de ce faux système.

Une catastrophe politique, sans exemple dans les annales du monde, a renversé une dynastie qui régnait depuis huit siècles.

Elle appartient déjà à l'histoire, elle peut déjà servir d'exemple, et présente aux peuples et aux souverains les plus importantes leçons.

Cette catastrophe, qui a surpris la France comme les cendres du Vésuve surprirent Pompeïa, était cependant inévitable ; les causes amènent nécessairement leurs effets ; l'homme réfléchi, indépendant, calcule ce qui doit arriver par le souvenir du passé, qui s'appelle *expérience;* il ne s'est point étonné de l'horrible désastre; il n'a pu l'être que de son terme si rapproché et de sa consommation si complète; l'enfer avait amassé tout le salpêtre révolutionnaire sous notre édifice social; une haute imprudence y a laissé tomber une étincelle.....; tout a été détruit.

J'oserai dire bien des vérités; c'est pour les avoir ignorées ou repoussées, que la branche aînée des Bourbons vient de perdre la couronne. Puisse leur manifestation, tout en ménageant d'augustes infortunes, frapper l'esprit de ceux que Dieu réserve à gouverner les peuples! *Quand l'histoire serait inutile aux autres hommes, il faudrait la faire lire aux princes,* dit Bossuet; *il n'y a pas de meilleur moyen de leur découvrir ce que peuvent les passions et les intérêts, les temps et les conjonctures, les bons et les mauvais conseils.*

Après les courtisans et les flatteurs du peuple, ce qu'il y a de plus vil et de plus méprisable, ce sont les courtisans et les flatteurs des rois.

Je ne commencerai à rechercher les causes de cette révolution que depuis cette époque appelée, je ne sais pourquoi, *restauration.* Restauration qui n'avait produit que deux effets : le premier, de ramener la famille des Bourbons aux Tuileries; et le second, de faire renaître les principes de la révolution, que Napoléon avait travaillé sans cesse à détruire.

Anomalie incroyable! contradictions choquantes, et pourtant irrécusables!.... Les Bourbons replacés sur le trône, et les compagnons de leur exil, les martyrs de la fidélité expulsés des biens qu'ils avaient perdus pour la cause de ces mêmes Bourbons! La légitimité d'une famille reproduite comme sacrée, et toutes les autres légitimités, source première de la légitimité royale, qui fut créée pour les protéger et les garantir, traitées comme des chimères dangereuses et des souvenirs criminels! Louis XVIII *régnant par la grâce de Dieu* depuis 1797, et tout ce qui avait été fait pendant son absence et ce prétendu règne sous les divers gouvernemens qui s'étaient succédés, consacré et reconnu inattaquable!.... Le fait et le droit confondus; la trahison, la fidélité mises en question; la seconde devant, *par raison d'Etat*, être sacrifiée à la première. Combien il était facile de prévoir que des élémens aussi contraires ne pourraient jamais s'unir indissolublement; que sacrifier sans cesse ses amis à ses ennemis devait finir par décourager les uns sans convertir les autres; et combien alors une réaction violente était inévitable... A des causes majeures s'en réunirent d'autres moins importantes en apparence, et qui cependant n'en ont pas moins fait naître le mécontentement, et préparé la catastrophe; je les rapporterai après celles qui me paraissent tenir le premier rang dans ce drame déplorable.

Attaquons franchement la question de front, et disons la cause principale de la ruine des Bourbons. Cette cause qui domine toutes les autres, c'est la coupable et fausse politique héréditaire qui fut leur première instruction dès le berceau, qui dirigea presque toutes les actions des diverses branches des Capétiens, mais surtout celles des Bourbons, Henri IV excepté. La crainte du pouvoir de l'aristocratie, et le constant désir de son abaissement.

Si, animant fictivement des choses inanimées, un dôme se complaisait à détruire les colonnes qui le soutiennent; si le chène s'appliquait constamment à détruire ses racines et à rendre mouvant le sol qui alimente son existence; si la tête d'un corps humain devait se plaindre des bras qui obéissent à ses inspirations, on ne devrait pas trouver cette conduite plus bizarre, ce suicide plus complet que ne doit nous le paraître la défiance, l'éloignement que les rois se transmettaient héréditairement contre leur noblesse, et qui s'augmentait à mesure que la puissance de cet ordre diminuait.

Et cependant, nonobstant la théorie *nouvelle* d'une *nouvelle* génération dans une *nouvelle* France, je leur répéterai sans cesse, non d'après ma conviction seule, mais en leur montrant l'histoire de tous les temps et de tous les pays : *Point de noblesse, point de trône* (1). Je dirai plus ; je dirai aux amans passionnés d'une liberté sans limites : Point d'aristocratie, point d'état social possible, point de véritable liberté. L'aristocratie est pour le moins aussi indispensable au peu-

(1) Dans une monarchie héréditaire, l'hérédité d'une classe est indispensable. Il est impossible de concevoir comment, dans un pays où toutes distinctions de naissance seraient rejetées, on consacrerait ce privilége pour la transmission la plus importante. Pour que le gouvernement d'un seul subsiste sans classe héréditaire, il faut que ce soit un pur despotisme. Les élémens du gouvernement d'un seul, sans classe héréditaire, sont un homme qui commande, des soldats qui exécutent, et un peuple qui obéit. Pour donner d'autres appuis à la monarchie, il faut un corps intermédiaire. (Benjamin Constant, *Des principes de politique*.)

Dans tous les Etats monarchiques ou républicains, et particulièrement dans ces derniers, il faut une aristocratie, il faut qu'elle soit organisée convenablement ; mais, de toute manière, il en faut une. C'est l'aristocratie qui donne de la force, la suite, l'aplomb aux Etats. Un Etat sans aristocratie (*s'il était possible d'en trouver*), flotterait, comme un vaisseau sans lest, au gré des passions populaires. Les gouvernemens qui ont fait les plus grandes choses, ont été fortement empreints d'aristocratie. (*Constitutionnel* du 7 juillet 1828.)

ple, qu'elle l'est à la couronne. Jamais il n'y eut de république sans nobles ou patriciens. Je vous entends, vous êtes nés dans la démocratie; et par un amour-propre mal entendu, même dans vos intérêts, vous attaquez une classe indispensable au bien de la patrie, et de laquelle vous feignez de croire qu'une exclusion humiliante vous éloigne. Quel est cet obstacle? où existe-t-il? Par vos services et vos talens, méritez d'en faire partie, et transmettez à vos enfans le plus précieux des héritages, celui d'un nom héréditairement honoré. Vous me citerez *Ury, Unterwalden;* je vous les accorde, et même je vous concède de plus la république niveleuse de Robespierre, avec ses échafauds, ses confiscations et ses fêtes sans-culottides. Mais, en Suisse, les démocraties sont de trente, quarante ou cinquante mille individus; et du fleuve de sang qu'a fait couler la république de Robespierre, est sorti le trône d'un maître absolu.

Niveleurs de toutes les époques, quoi que vous fassiez contre une aristocratie, il en surgira toujours une. Vous voudrez alors en faire partie; et vous direz, comme le gondolier de *Marino Faliero,* qui voulait envahir les superbes palais des nobles Vénitiens:

> Je veux un peuple, moi, mais que je n'en sois pas.

Les Capétiens suivirent donç une marche constante, qui a dû se terminer par conduire leur infortuné descendant, le 21 janvier, sur la place Louis XV. Replacés par miracle sur le trône, sans avoir profité de la terrible leçon, la même conduite les a fait retomber de nouveau en 1814, et enfin en 1830 : c'était inévitable.

En effet, l'histoire nous montre les rois de cette race, guidés par une jalousie aussi peu honorable que dangereuse même à leur propre intérêt, conseillés par de serviles ministres qui voulaient régner en leur nom, occupés constamment à détruire le pouvoir de cette utile aristocratie qui les avait pris dans son sein, de ces illustres guerriers qui avaient teint de leur sang le pavois sur lequel ils les avaient élevés. On les vit soutenir les vassaux contre leurs seigneurs, nourrir ces guerres de famille, détruire les priviléges de l'aristocratie pour en investir les provinces et les communes, jusqu'à ce qu'enfin, à leur tour, ces dernières, devenues redoutables aux souverains alors absolus, se virent successivement retirer ces mêmes priviléges. En sorte que le trône réalisant ce qui fut constamment le but de sa politique et de son ambition, un pouvoir sans limites, régna sur les débris des grands corps de l'Etat, des ordres, des communes et des provinces;

et toutefois, dans les momens de danger pour la France, le généreux sang de la noblesse ruisselait pour la patrie et le monarque (1) !...

C'était, en apparence, bien doux, bien commode que de n'éprouver aucun obstacle à ses volontés, de n'être tenu à aucune récompense obligée pour aucun ordre de citoyens, de briser toutes les résistances, et même de ne pouvoir en redouter.....; de se croire seule, unique famille, séparée du reste de la nation, suspendue en l'air comme le tombeau de Mahomet, ou bien quitte de toute reconnaissance pour des supports immédiats; de ne suivre que le caprice de ses inspirations pour élever aux premiers emplois, combler des premières faveurs le plus obscur citoyen, regarder, en un mot, comme égaux entre eux par le fait, les Montmorency, les Rohan et les derniers des plébéiens...

Mais aussi que devait-il arriver de cette politique? que nul ne devait plus qu'un autre apporter de zèle et d'enthousiasme à défendre la cause de ceux qui ne faisaient de distinction de personne.... Que chacun, refoulé dans ses intérêts particuliers, las de donner sans recevoir, bien plus, rebuté de voir les fruits de sa fidélité de-

(1) *Voyez*, dans Montesquieu, le comte de Boulainvilliers et d'autres publicistes.

venir le prix de la rébellion et du parjure, a rougi de cette habitude d'être dupe; et quitte envers sa conscience et son devoir, reconnaissant enfin la mystification du trop fameux *quand même*, n'a plus témoigné ce dévouement sans réserve dont on lui avait fait presque un crime, et pour lequel il avait fallu une amnistie.

Deux causes produites par les faits incontestables rapidement indiqués plus haut, ont amené le naufrage politique de juillet 1830, *les choses* et *les hommes*. Nous dirons en toute franchise ce que nous savons, ce que nous pensons sur ces deux sujets d'un aussi grave résultat.

TITRE PREMIER.

LES CHOSES.

CHAPITRE PREMIER.

Situation de la France au retour des Bourbons. — Gloire de Napoléon, et ses efforts constans pour rétablir les principes monarchiques et aristocratiques. Sa toute-puissance et son génie échouèrent contre la force du principe de la légitimité. — Mot de Syeyes sur les institutions données par l'empereur. — En rétablissant un trône et ses conséquences, il travailla pour les Bourbons : ceux-ci ont-ils su utiliser à leur profit ce que Napoléon avait fait pour l'intérêt de la France monarchique?

Comment les Bourbons avaient-ils trouvé la France à leur premier retour en 1814? Les crimes de la révolution étaient repoussés avec horreur, désavoués hautement par ceux-là mêmes qui y avaient coopéré le plus ardemment; la religion était respectée, les prêtres honorés, la noblesse, sans exigence, reprenait le rang d'estime, de considération publique que ses services héréditaires avaient mérités de la patrie; tout se calmait, et des exagérations révolutionnaires, l'honneur et le bon sens national faisaient la double part du ridicule et de l'atrocité; si l'homme du destin avait eu pour lui le bienfait de la légitimité, quelle masse de bonheur n'eût-il pas ajoutée à la gloire éblouissante qu'il fit jaillir de la France! mais cette légitimité le poursuivait sans cesse de son image persécutrice; lui qui voulait légitimer tous les genres de prospérité pour la France, sentait que cette garantie lui manquait; il voulait y suppléer à force de victoires, d'institutions, de monumens, et contraindre l'histoire, par la multiplicité sans nombre des fastes qu'il lui imposait, à trouver dans la durée de son seul règne plus de pages à remplir que dans une stérile énumération de rois héréditaires, dont les noms seuls font les souvenirs. Tout s'inclinait devant le colosse. La même main qui avait aplani le Mont-Cenis, Saint-Gothard et le Simplon, avait écrasé l'hydre révolutionnaire; et jamais Rome ne fit plus respecter le nom des derniers de ses enfans, que le règne de Napoléon fit honorer le plus obscur des Français; on croyait le voir en tous lieux, en toutes choses, dans les institutions civiles comme dans les camps, au milieu du calme des cités aussi bien que dans les émotions populaires; et tous les partis peu à peu se fondaient dans sa volonté par la puissance d'une attraction permanente; de même que tous les Français se groupaient successivement autour d'un trône dont la gloire égalait la force, et dont les bienfaits et la gratitude envers ses amis, égalaient sa colère et sa vengeance envers ses ennemis.

L'histoire ne saurait trop admirer l'espace immense que la volonté ferme d'un seul homme et son puissant génie franchirent en peu de temps; une nuit, nous nous endormîmes dans l'agitation d'une république, et nous nous éveillâmes le lendemain avec la stabilité d'une monarchie. Toutefois, Napoléon, s'il détestait les tâtonnemens, s'il exécutait avec vigueur et promptitude, concevait longuement et avec maturité. *Ce qui m'étonne le plus dans l'empereur,* disait un jour à Roger-Ducos l'ex-directeur Syeyes (1), *c'est de lui voir semer des institutions qui paraîtraient absurdes, impossibles de réussite si on pouvait les soupçonner, et qui sont admirables et pleines de succès quand elles sont écloses et développées.*

Ainsi, l'organisation de l'administration et de la justice présentait partout force au gouvernement et protection aux peuples; l'administration des finances, admirablement répartie, prélevait

(1) J'ai entendu le propos. (*Note de l'auteur.*)

des impôts énormes sans secousses, sans tiraillemens et sans malversations possibles; l'armée, puisée dans le plus pur de la population, offrait dans ses soldats des remparts inexpugnables contre les ennemis extérieurs; et sous les chefs que Napoléon guidait *toujours* lui-même à la victoire, des garanties certaines contre des troubles intérieurs; on respectait les classes élevées par leur naissance et leur éducation; on voulait une autre aristocratie que celle de l'argent; les richesses avaient les voluptés matérielles; la noblesse, qui devait sans cesse se recruter de toutes les sommités plébéiennes, n'avait aucun privilége exclusif; mais, à la voix de Napoléon, s'excitait à justifier son rang et l'hommage accordé aux souvenirs de ses ancêtres, par de nombreux services rendus au souverain et à la patrie. Les beaux-arts, les belles-lettres, les sciences libérales prenaient de toutes parts une extension sans limites, et, protecteur des intérêts publics et particuliers, il n'eût jamais toléré qu'une licence effrénée de la presse vînt chaque jour compromettre la tranquillité de l'Etat et la réputation des personnes.

Que manquait-il donc à ce trône pour traverser les siècles? en gloire, rien; mais en stabilité, tout. Cette nouvelle dynastie n'avait point de racines;

les fils de saint Louis revinrent en France, et leurs droits anciens furent reconnus (1).

L'homme qui avait recréé l'édifice de la monarchie sur les ruines sanglantes de la révolution avait disparu; mais les principes monarchiques auxquels il avait rendu la vie, restaient pleins de force et sans contradicteurs; la légitimité devait les employer à son profit. Le fit-elle? nous allons l'examiner.

(1) Il est incontestable qu'il existe un moment où la *légitimité* commence, ainsi que toutes choses au monde; mais plus elle vieillit, plus elle offre de gages de stabilité et de repos à ce qui dépend d'elle. « Si j'eusse été mon petit-fils, disait Napoléon après 1815, et que j'eusse été acculé aux pieds des Pyrénées, je serais rentré triomphant à Paris. »

CHAPITRE II.

Distinction des principes de l'empire et de la légitimité. — Haine des idées révolutionnaires commune à ces deux gouvernemens. — *Légitimité royale* instituée par et pour d'autres légitimités aussi sacrées. — Phrase injustement attribuée à un auguste prince. — Octroiement d'une Charte. — L'état de la France l'exigeait-il, et le prince seul en avait-il le droit? — Inconséquence des révolutionnaires de France.

Bien que Napoléon eût tout organisé monarchiquement, il y avait dans cette organisation beaucoup de parties qui se ressentaient du créateur, et ne pouvaient lui survivre; et d'autres qui ne tirant pas leur principe de l'empire, ne pouvaient être recréés que par les Bourbons. Mais la légitimité, comme l'empire, devait avoir un système fixe prédominant, celui de repousser les idées révolutionnaires, et les idées trompeuses et sanguinaires de la république. Depuis 1789, nous n'en fûmes jamais plus éloignés qu'en 1812; si leur résurrection s'est faite, ce n'est pas à celui qui a mis dans son testament: « *Je m'étais placé entre les trônes et les peuples,* qu'il faut s'en prendre. Le principe de souveraineté universelle, cet amour de batailles, ces changemens continuels de couronnes devaient nécessairement disparaître avec Napoléon. Mais aussi quelles étaient les conséquences obligées du retonr de la race antique de nos rois?

La faible et fausse politique de marier la légitimité avec toutes les usurpations révolutionnaires fut un divorce prématuré avec toutes les règles du bon sens et toutes le garanties de stabilité : ce fut essayer de construire un édifice de marbre et d'airain sur les cratères du *Vésuve* ou de l'*Etna*. Pouvait-on croire que la conséquence du retour des Bourbons n'en dût pas indispensablement amener d'autres, qu'il y avait bien d'autres légitimités aussi légitimes que celle des Bourbons, légitimités dont le sacrifice accuserait et compromettrait cette exclusive et égoïste légitimité royale, seule sauvée du naufrage ; légitimité qui ne fut créée et déclarée sacrée, que parce quelle consacrait et protégeait toutes les autres légitimités ! Pouvait-on ne pas prévoir les conséquences de ce mot qui ne fut à coup sûr pas prononcé, mais qui fut ou traîtreusement ou niaisement prêté à une bouche auguste : *Rien n'est changé, il n'y a qu'un Français de plus*, ce qui aurait signifié, en bonne logique, rien n'est changé dans ce qui a été détruit, au détriment des droits et des sermens les plus sacrés; tout demeure au profit du mal; le bien n'est restauré qu'à notre seul et unique avantage.... Non, une phrase aussi désespérante pour la fidélité et l'honneur que dangereuse pour les Bourbons mêmes, ne fut pas prononcée, j'en adjure le noble cœur de celui auquel on a osé l'attribuer; mais, il faut en convenir, les actes qui suivirent la restauration lui donnèrent quelque vraisemblance.

Une Charte fut octroyée : on peut la juger maintenant; elle est du domaine de l'histoire; elle n'existe plus. Et moi aussi, je m'élève contre cet octroiement, qui m'a paru un empiètement coupable sur les droits et sur les respectables souvenirs de tout un peuple : octroiement qui détruisait le titre le plus glorieux qu'une nation puisse présenter, celui de l'ancienneté d'origine. Souvent, j'ai senti mon cœur palpiter d'un noble orgueil, en songeant que la libre et puissante nation française présentait à l'univers, par ses fastes glorieux, des preuves d'une honorable civilisation, long-temps avant tout peuple connu; et voilà que depuis huit cents ans, nous n'aurions eu qu'une existence précaire provisoire, sans règle, sans principes, et que ce n'est qu'en 1814 que, du cerveau et de la volonté d'un seul homme, trente-deux millions de Français ont reçu des institutions pour sortir de l'état sauvage et se réunir en société (1)...! Une Charte octroyée! mais celui qui donne peut reprendre; et il a beau dire qu'il s'interdit à lui et à ses successeurs le droit de le faire, chacun de ses successeurs doit et peut se croire aussi dominé par les circonstances, et aussi législateur que son prédécesseur..... De là un éternel provisoire dans la fidélité au serment, et dans tout ce qui peut en résulter (2). Non, une Charte ne peut être octroyée par un homme seul, à moins de table rase et d'un peuple dispersé. Nous n'étions pas au temps des Livres de Moïse, des lois de Solon, et des inspirations de la nymphe

(1) Que la nation anglaise pense et agit différemment! comme son amour, son fanatisme même s'accroît pour ses vieux souvenirs, à mesure que les générations nouvelles s'en éloignent! Tout pour elle est sacré dans les vieilles familles; les vieux usages, les vieux monumens, enfin tout ce qui rappelle cette vieille Angleterre dont les enfans sont si fiers!

(2) La conséquence de ce raisonnement s'est appliquée à la Constitution de don Pèdre, en Portugal, comme à celle de Louis XVIII; les vrais royalistes n'ont pas connu plus de droits au souverain de Portugal qu'au nôtre de changer à lui seul l'ancienne Constitution de son pays. Bizarres inconséquences de nos révolutionnaires français, qui ont vociféré contre les évènemens de Portugal en faveur d'un roi absolu qui viole le pacte de Lamego, d'où dérivait son droit au trône, et qui fuit du Portugal en lui lançant, comme les Parthes lançaient leurs javelots, une Constitution nouvelle qu'il ne devait pas même essayer avec ses anciens sujets!....

Egérie. La France ne présentait pas cet état en 1814; et cet octroiement porta dès lors avec lui le ver rongeur d'une destruction future.

Mais passons à l'examen rapide de cette Charte, et voyons si du moins, quoique octroyée, elle pouvait être utile à la France et à la couronne.

CHAPITRE III.

DE LA CHARTE DE LOUIS XVIII.

Multiplicité de ceux qui ont coopéré à sa création. — Nombreuses et indispensables omissions qui s'y trouvent. — Contradictions de plusieurs articles. — Examen de quelques articles de cette Charte. — De l'article 9, concernant les rentes nationales. — La reconnaissance est la première politique des rois. — Napoléon récompensa les services rendus à l'ancienne dynastie. — Responsabilité illusoire des ministres : pensées de B. Constant à ce sujet. — Un souverain qui ne *peut mal faire* ne peut aussi *bien faire.* — Article de la Chambre des pairs. — Les pairs n'étaient pas la noblesse constitutionnelle ; ils eussent dû être seulement à vie, ou par session, et nommés par le roi sur des listes de candidats présentés par des colléges électoraux de départemens. — Maladresse de l'article qui distingue deux noblesses. — Silence des Bourbons sur la noblesse, depuis la restauration.

Et d'abord, qui n'a pas vu combien cet enfant a eu de pères! Semblable à ces chefs de l'école italienne, qui font dégrossir par leurs élèves les sujets qu'ils veulent représenter, pressé d'ailleurs d'en finir par les souverains des armées alliées, dont lui-même désirait vivement le départ,

Louis XVIII distribua à plusieurs faiseurs politiques les divers textes de cette Charte à développer : il choisit ces Lycurgues nouveaux dans vingt nuances opposées ; et nécessairement il dut surgir de cette variété de tons un tableau bigarré de couleurs fort singulières et fort tranchantes. C'est ce qui arriva ; et semblable à l'enfant d'une certaine dame galante, chez lequel le public s'amusait à retrouver les traits de plusieurs créateurs, la Charte offrit, dans ses 74 articles, les traits caractéristiques des complices de son origine.

Sans rénumérer ici tout ce qui y fut omis de vital, d'indispensable à proclamer, comme, par exemple, la question de la régence, de l'hérédité du trône, de l'établissement d'un tribunal suprême administratif, etc., une foule d'articles de ce pacte improvisé se heurtaient, se contredisaient, et une fois mis en action, devaient s'embarrasser dans leur marche ; ainsi le roi, qui, chef suprême de l'Etat, déclare la guerre, fait des traités de paix, d'alliance et de commerce à lui tout seul, ne pouvait cependant exécuter ces grands actes de royauté sans argent ; et comme les Chambres votaient l'impôt ; si ces guerres, ces traités de paix, d'alliance et de commerce leur paraissaient dangereux, nuisibles à la patrie, à ceux qui les avaient envoyés pour défendre leurs intérêts, ils pouvaient paralyser par le fait le droit du roi, en refusant les subsides indispensables à ces grands actes de la couronne.

Je dis les Chambres, et j'ai tort; car réellement une Chambre seule était l'expression de la pensée nationale : celle des députés. J'examinerai tout à l'heure l'existence de l'autre Chambre, celle des pairs, dont la création n'a pas été une des moindres causes de la ruine de la monarchie.

Il n'y eut en France qu'un cri en 1814, au sujet de l'article 9, concernant l'inviolabilité des ventes nationales de seconde origine. La déclaration de ce principe était-elle dans le droit, disons mieux, dans le devoir d'un Bourbon? Il ne pouvait, si l'on en croit plusieurs, remonter sur le trône qu'à ce prix. Ah! qu'un tel prix me paraît énorme, puisqu'il exigeait le sacrifice de la reconnaissance et de la justice! Le principe inattaquable de la propriété est le principe vital d'un peuple libre (1); et je ne puis reconnaître à

(1) La sanguinaire république de Robespierre n'avait pas osé méconnaître le dogme de la propriété; nos vieux monumens portent encore quelques-unes de ces inscriptions qui alors se lisaient partout : *Citoyen! respecte la propriété d'autrui; elle est le fruit de son travail ou de son industrie.*

Louis XVIII le droit de ratifier à lui seul la destruction de ce principe. Comment concevoir que cette puissance exorbitante dont je lui refuse hautement l'exercice envers ses ennemis mêmes, il aurait pu légalement l'exercer envers ses fidèles serviteurs, les martyrs de sa cause? Hélas! il y eut plus que de la faiblesse et de l'oubli dans cette conduite : il y eut de l'impolitique; car l'histoire apprendra aux générations futures que tout sacrifice pour suivre des princes dans l'infortune n'est pas un titre sacré à leur reconnaissance, quand ceux-ci reviennent à des prospérités. Certes, le gouvernement impérial ne devait rien aux émigrés, au contraire; mais un sentiment peut-être plus fort que celui de la reconnaissance, le sentiment de la haute politique, guidait les actions de Napoléon : il voulait nourrir et récompenser la fidélité partout où elle avait existé (1). « N'oublions pas, dit-il (au con-
« seil d'Etat, à ceux de ses conseillers qui s'op-
« posaient à la rentrée des émigrés et à la resti-
« tution de leurs biens non vendus), n'oublions
« pas que la fidélité est toujours honorable; et

(1) Entre autres preuves, il donna deux mille écus de pension à la veuve du marquis de Bonchamp, 4000 francs au garde-du-corps Desmier (du Roc, département de la Vienne), qui vivait avec trois balles dans le corps, reçues à la porte de l'appartement de la reine Marie-Antoinette, au 6 octobre, etc., etc.

« Dieu veuille que, si quelque jour ma dynastie « trouve aussi des temps malheureux, la fidélité « d'alors se rappelle les exemples de la fidélité « d'aujourd'hui. » Les biens furent rendus, et les émigrés rappelés. Que ne devaient donc pas espérer, je ne dis pas ces victimes de leurs sermens, je place les hommes en seconde ligne, mais bien le dogme de la propriété et de la reconnaissance des rois? Aussi, je ne crains pas d'être démenti en affirmant que de toute part dans la France, avant la promulgation de la Charte, le bon sens, la loyauté nationale, qui ne prescrit jamais quand on ne la fausse ou qu'on ne la violente pas, éclatèrent spontanément. Le roi n'avait qu'à ne point s'expliquer sur une question aussi délicate : sa Charte devait rester muette sur ce point. Il n'y avait qu'à *laisser faire;* sur 32 millions d'habitans, cinq cent mille à peu près, c'est-à-dire un soixante-quatrième de la population, étaient seulement intéressés dans cette question; et sans les efforts constans du gouvernement restauré, nul ne peut faire de doute que l'immense majorité de ces biens vendus à si vil prix, donnés pour ainsi dire uniquement pour créer des partisans à la révolution, ne fussent rentrés sans secousses, par d'amiables transactions, aux mains héréditaires des anciens propriétaires (1). Je ne suppose pas qu'on puisse me prêter la pensée de désirer qu'on eût employé aucun moyen coercitif pour contraindre et produire ces arrangemens : je le répète, le gouvernement n'avait qu'à ne pas s'en mêler.

L'article 13 annonçait bien qu'il y aurait une responsabilité ministérielle; mais comment la définir et la mettre en exécution? C'était une fiction, une vaine chimère d'un résultat impossible; car comment ériger une Chambre des députés en chambre d'accusation de ministres d'un roi qui serait encore sur le trône, et la Chambre des pairs en chambre de jugement? En outre de la répugnance personnelle que les membres de la représentation nationale doivent éprouver à remplir des fonctions inaccoutumées, toujours verrait-on dans la poursuite des ministres le contrecoup porté au roi qui les aurait choisis, et la volonté, l'opinion personnelle du prince mêlée à

(1) L'indemnité de 1826 n'a pu réparer cette faute politique; le principe spoliateur est resté conservé. Si l'on voulait donner une indemnité, il fallait l'accorder aux acquéreurs, à l'échelle de proportion de ce qu'ils avaient réellement payé en assignats. Le milliard d'indemnités eût été alors énormément réduit; et le propriétaire scrupuleux, qui n'avait pas voulu profiter du malheur de son voisin, n'eût pas été obligé, après vingt-cinq ans, de payer sa quote-part d'un impôt établi pour tranquilliser des acquéreurs moins timorés que lui.

celle des ministres accusés. S'il les abandonne ou s'il reconnaît avoir été trompé par eux, il se proclame ingrat ou facile à se laisser gouverner (1). Protestons ici contre une de ces pensées niaises et vulgaires qui font écho chez toutes les médiocrités, que le roi constitutionnel ne peut faire le mal et ne fait que bien. C'est-à-dire que le chef d'une nation serait réduit à un rôle abstractif purement idéal, semblable au grand lama, et supérieur tout au plus au dieu ruminant qu'adorait l'Egypte. Non, il faut, pour qu'un roi

(1) Il se peut qu'un prince, séduit par l'amour d'un pouvoir sans bornes, excite ses ministres à des trames coupables contre la Constitution et la liberté : ces trames sont découvertes, les agens criminels sont accusés, convaincus, la sentence est portée ; que faites-vous, en disputant au prince le droit d'arrêter le glaive prêt à frapper les instrumens de ses volontés secrètes, et en le forçant à autoriser leur châtiment? Vous le placez entre ses devoirs politiques et les devoirs plus saints de la reconnaissance et de l'affection. Car le zèle irrégulier est pourtant du zèle ; et les hommes ne sauraient punir, sans ingratitude, le dévouement qu'ils ont accepté. Vous le contraignez ainsi à un acte de lâcheté, de perfidie ; vous le livrez aux remords de sa conscience ; vous l'avilissez à ses propres yeux ; vous le déconsidérez aux yeux de son peuple : c'est ce que firent les Anglais, en obligeant Charles Ier à signer l'exécution de Strafford ; et le pouvoir royal, dégradé, fut bientôt détruit. (*Principes politiques* de Benjamin Constant, page 160.)

Une nation qui craindrait la vie ou la liberté d'un ministre dépouillé de sa puissance, serait une nation misérable ; elle ressemblerait à ces esclaves qui tuaient leurs maîtres, de peur qu'ils ne reparussent le fouet à la main. (*Id.*, page 169.)

puisse avoir tout le mérite du bien qu'il fait à son peuple, qu'il se soumette à assumer sur lui une portion de responsabilité. S'il a mal placé sa confiance dans ses ministres, qu'il le reconnaisse d'après le cri de ses sujets, en s'inquiétant de découvrir lui-même la vérité, en la cherchant partout et toujours, et que ce soit lui qui, offensé le premier par des conseillers perfides, venge sa couronne et la nation tout à la fois, en punissant l'incapacité ou la trahison. Encore une fois, excepté Dieu, ce qui ne peut mal faire, ne peut bien faire aussi; et les âmes grandes, généreuses, en voulant recueillir tout le fruit et toutes les bénédictions de l'un, acceptent toute la responsabilité de l'autre.

La portion la plus vicieuse de la Charte de 1814, celle qui à elle seule devait la faire succomber, était le mode de création d'organisation et d'attributions de la Chambre des pairs. (Article 24.)

Des pairs de France! Eh quoi! avons-nous vu revivre ces grands noms illustres et féodaux des ducs de Bretagne, de Bourgogne et d'Aquitaine, ces comtes de Champagne et de Provence, rivaux, émules et soutiens de nos rois? Hélas! non. Fastueuse et trompeuse étiquette d'un nouveau livre d'or, nous avons vu créer, selon le bon plaisir et dans les diverses couleurs des ministres qui se sont succédés, un bizarre assemblage de noms aussi dissemblables par leurs opinions, leurs positions sociales que par leurs services politiques. Des pairs de France! Pairs de qui? Le judicieux président Hainaut, qui se plaignait de voir la pairie compromise et si multipliée par la nomination de quelques pairs choisis cependant parmi la plus haute noblesse de France, qu'eût-il dit s'il avait vu deux, trois cents pairs créés par fournée de cinquante, soixante, au gré de chaque ministre, puisés dans sa clientelle particulière, et pour soutenir souvent un seul acte de son ministère?........ Législativement, qu'étaient ces pairs? que représentaient-ils? qui leur avait donné leur mandat? qui était intéressé à leur conservation? sur quel parti de la nation auraient-ils eu de l'influence?...... Ils n'étaient pas la noblesse, puisque plusieurs ont été pairs sans être ennoblis; et, comme le remarque très-bien M. le marquis de Bonay, ils n'étaient qu'un pouvoir. Mais qui donnait de la consistance à ce pouvoir? où étaient ses racines dans la nation? La noblesse ne les avouait pas, puisqu'ils n'étaient pas tirés de son sein, et qu'ils n'étaient pas même ses candidats; la noblesse, qui, placée furtivement dans la Charte, y sommeillait *sans rangs et sans honneurs*, bien que les articles 1er et 71 de cette Charte lui eussent accordé ces principes de vie; la noblesse repoussait la création d'un corps privilégié qui s'interposait entre son roi et elle, et s'indignait d'entendre dire à la masse nombreuse des niais et des révolutionnaires : *Les pairs sont la seule noblesse.* Hélas! l'orgueil, le crime savaient bien retrouver cette noblesse pour la massacrer, la proscrire, la dépouiller dans le temps de la terreur; et, depuis la restauration, ils la retrouvaient encore pour la calomnier, la diffamer, et la présenter, dans de dégoûtans libelles et sur les théâtres, sous les traits les plus odieusement faux, les plus révoltans et les plus mensongers, pour assumer sur elle le plus injuste des mépris, en attendant de nouveaux 2 septembre ou 22 prairial, et les motions d'un *Merlin* de Douai, d'un *Boulai* de la Meurthe ou d'un *Leguevel.*

Non! les pairs n'étaient pas la portion aristocratique de la nation; et telle fut la révélation bien manifeste du but de cette création, que les révolutionnaires en furent les approbateurs les plus ardens, bien sûrs qu'ils étaient de détruire cette fausse et débile institution, aussitôt qu'ils auraient pu détruire la dynastie qui seule l'avait créée. Institution offensante pour la noblesse, sans racines, sans point d'appui; en temps de calme, présentant sans motifs des priviléges exorbitans et exclusifs; en temps de troubles, incapables de lever dix hommes pour secourir l'Etat et le prince. Enfin, je le répète, sans mandat et sans influence : des colléges électoraux de pairies créés dans chaque département, et composés, en outre, de toute la noblesse constitutionnelle, de beaucoup d'autres notabilités puisées dans les hautes fortunes, dans les positions sociales respectées, et dans les grands services de tout genre, auraient dû présenter à chaque session des candidats au choix royal; de cette manière, il y aurait eu véritablement représentation aristocratique de toutes les parties de la France.

Bien loin de là, lorsque des départemens voisins de Paris présentaient chacun jusqu'à douze et quinze pairs, des départemens éloignés n'en comptaient pas un. Plus de trente départemens en étaient privés; je le demande, quelle influence sur ces départemens avait et devait avoir le Chambre des pairs?...

Les autres articles de la Charte se retrouvent dans les Constitutions qui, plus ou moins de temps, se sont succédées dans l'adoration des peuples, la dernière étant toujours incontestablement la meilleure, si ce n'est celle qui doit lui succéder (1). Leurs dispositions sont purement réglementaires de l'ordre public; elles peuvent convenir à tous les temps et à toutes les personnes; j'en excepte cependant l'article 71, qui présente la disposition bizarre de deux noblesses. Louis XVIII fit absolument le contraire de Pierre-le-Grand, qui, fatigué de voir ses boyards nouveaux et anciens se disputer la prééminence, se fit apporter leurs titres de création, et les jeta au feu, voulant, dit-il, former un seul corps de noblesse, et non un foyer de discussions, laissant à la nation le soin de distinguer dans ses hommages ses plus anciens chefs. En effet, comme de tout temps les plus anciennes nations, la plus ancienne dynastie et les plus anciennes familles ont toujours obtenu la part la plus grande de vénération publique, établir par une Charte une division dans un même corps, c'était consacrer une grande maladresse politique; il n'est pas un ancien noble qui ne l'ait senti en en gémissant, et qui n'eût désiré que les services et les gloires mêmes de la révolution et de l'empire se fussent associés sans aucune nuance aux anciennes gloires de la monarchie française.

(1) C'est en cela que j'établis une immense différence entre *Constitutions* et *institutions*. Les unes ne peuvent avoir qu'une durée temporaire, et les autres présentent des principes éternels et imprescriptibles.

Certes, les palmes des vainqueurs d'Arcole, de Marengo, des Pyramides, d'Austerlitz, de la Moscowa, sont aussi dignes de nos respects, que celles des *Bouvines, Ravenne, Marignan* et *Fontenoy*. Ce sont toujours des Français triomphant des ennemis de la France.

Quant aux rangs et honneurs reservés à ces deux noblesses par ledit article 71, pour en faire la définition, le plus profond silence fut gardé pendant les seize ans de la restauration; ces rangs et ces honneurs n'ont pas été plus définis que le mot même de noblesse n'a été prononcé.

CHAPITRE IV.

CE QU'ÉTAIT LA FRANCE AU RETOUR DES BOURBONS.

Portrait du caractère français. — Nécessité au pouvoir de s'occuper beaucoup de ses administrés.—Etat des mœurs de la société à la restauration ; nécessité de s'y conformer. — La religion y était ressuscitée ; il y en avait plus qu'il n'y en a eu depuis la restauration. — Missions. — Bonnes institutions, et malheureux résultats. — Un extrême en produira toujours un autre opposé. — Aristocratie bien comprise par Napoléon : sa conduite à cet égard. — De la presse périodique ; opinion du premier consul à son égard. — Etat, en 1814, de l'esprit calme et soumis des provinces, des habitans des campagnes, des élèves des Ecoles.

Aucun peuple sur la terre n'a la mobilité du caractère français ; le repos lui est antipathique ; il lui faut du bruit, du mouvement, des illusions ; il demande à être conduit, il veut que sans cesse on s'occupe de lui, il en est reconnaissant ; il chérit le pouvoir, qui même le tourmenterait, pourvu qu'il sente constamment son action ; il oublie les absens ; il se passionne, il se désespère facilement, et saisit ardemment la moindre espérance de ce qu'il désire ; il brave avec héroïsme les plus cruelles privations, et se révolte souvent au milieu de toutes les abondances; il adore de bonne foi, et trahit de même; ivre d'émotions, il aime mieux souffrir que de ne pas sentir; enfin, aimable et capricieux, doux et cruel, sensible et persécuteur, on pourrait croire que ce portrait est celui d'un peuple de femmes, si le peuple français n'était pas le peuple le plus brave de la terre.

C'est cette analogie de caractère qui a, de tout temps, donné aux femmes françaises une si grande influence sur les destinées de la France; mais aussi, par suite de cette analogie, le pouvoir, tout en faisant beaucoup pour notre patrie, en s'occupant sans cesse de plaire à ses goûts, à ses habitudes, doit-il, sous peine de s'en voir méprisé et repoussé, le régir d'une main ferme, et ne pas être soupçonné de faiblesse et de peur.

La révolution avait produit deux résultats: beaucoup de liberté dans les mœurs de la société, et une grande habitude de soumission au pouvoir. Il fallait donc que tout gouvernement, semblable en ceci au gouvernement de Venise, s'occupât peu des habitudes, des mœurs de la société dans son intérieur, et ne songeât qu'à sa force gouvernementale et à maintenir l'ordre public; qu'il s'inquiétât peu si l'action religieuse de telle ou telle religion agissait sur les peuples, mais qu'il exigeât de tous respect pour les lois et les cultes, soumission à ses décrets, et décence dans leur conduite. Il fallait que *la* ou *les* religions fussent appuyées sur un gouvernement fort, et non quelles en devinssent la base (1); c'est ce principe retourné qui a été une des causes destructives de la restauration dès son début. La véritable religion, la religion chrétienne s'est toujours accrue par la tolérance. Sous Napoléon, personne ne peut le nier, il y avait beaucoup de véritable religion, et, l'on doit l'avouer, plus que sous la restauration (2). Elle honorait celui qui la pratiquait, et lui servait de recommandation, parce qu'on savait qu'elle n'était pas feinte, ni dans un calcul intéressé; l'hypocrisie ne servait à rien; le prêtre était respecté, parce que sa puissance ne s'étendait pas au-delà de l'Eglise: *orate et silete*, était la maxime du clergé; et l'hommage et la confiance des peuples qui allaient le trouver, lui prouvaient que sa divine

(1) Bien différent en cela de l'éducation particulière, dont la religion doit au contraire être la base principale.

(2) Quand le pape vint à Paris, en 1804, une seule maison de commerce de la rue Saint-Denis, vendit, dans le mois de janvier seulement, pour 40,000 fr. net de chapelets. (Combien en débite-t-elle par an, depuis 1815?) — (Mémoires de Constant, valet-de-chambre de Napoléon, t. 2, p. 107.)

mission était comprise, et serait la première de toutes, tant qu'il ne se mêlerait pas du temporel de la société, et ne voudrait pas y exercer une influence despotique. Sous l'empire, qui osa insulter un ecclésiastique? quel habit fut plus vénéré? Après les horreurs de la révolution, la religion chrétienne, rendue à la France, fut le lien conciliateur entre le ciel et la terre; mais alors, comme de tout temps, l'esprit national français aurait repoussé la puissance temporelle du clergé. Habitué à la gloire, au faste, au brillant, à l'éclat dans tout ce qui élève l'âme, éblouit les yeux, touche le cœur, contente l'esprit, le Français de 1814 était rassasié, mais fier de ses victoires; il se voyait le premier peuple du monde par l'extension de ses beaux-arts, de sa littérature, autant que par ses moissons de lauriers; il fallait, à l'exception de ses bulletins triomphaux, continuer ce qui était le goût, le génie, les habitudes de cette belle, grande et brillante nation.

Hélas! cet esprit national ne fut pas assez compris par la restauration; elle voulut opérer une transition trop brusque dans nos mœurs, en essayant de leur imposer une perfection bien désirable sans doute, mais impossible à réaliser. Aussitôt son apparition, on imposa aux peuples le chômage des jours fériés avec une rigueur puritaine; la danse, les spectacles furent défendus par des pasteurs dans les villages et dans les cités : au lieu de chants guerriers, du bruit des instrumens de guerre, des marches de troupes, succédèrent tout à coup des hymnes, des cantiques, des processions, des cérémonies funèbres, et bientôt après des missions !... missions fatales, conceptions exagérées, dont le principe et les organes étaient assurément respectables, mais qui manquèrent absolument le but qu'on s'en était proposé. Sillonnant toute la France, ces missions opérèrent en tous lieux des résultats extrêmes et opposés, comme le feront toujours les moyens violens, le fanatisme et l'impiété... Dans beaucoup d'endroits, le clergé pieux et tranquille ou refusa, ou vit arriver ces missionnaires avec regret; partout ils opérèrent la même action, celle de porter si haut momentanément l'exaltation de ceux qu'ils électrisaient par tous les moyens propres à frapper les yeux et l'imagination, que le clergé respectable des localités tombait presque en discrédit; paraissait à ses ouailles sans couleur; la religion sainte qu'il prêchait d'habitude, comme fade et sans magie; et les railleries, les divisions de famille succédant immanquablement au départ des missionnaires, rendaient généralement les populations moins chrétiennes après qu'avant leur arrivée.

Certes, la plupart des missionnaires étaient pieux, et de bonne foi dans leur ardeur religieuse; mais que cette ardeur mal calculée nous a coûté cher! Les réactions anti-religieuses de 1830 et 1831, qui ont été les plus violentes précisément dans les lieux où les missionnaires avaient cru obtenir le plus de succès (1), l'ont suffisamment prouvé.

Le génie de Napoléon avait bientôt compris qu'un trône ne pouvait pas se soutenir sans une puissante aristocratie. Premier consul, empereur, il employa tous ses soins, tous ses efforts à recomposer une noblesse; il y fut aidé par le vœu national. Vainement les vanités d'en bas, mille fois plus odieuses que les vanités d'en haut, nieront-elles la vérité : il est incontestable que le reste des anciennes familles françaises, honorées héréditairement dans leurs provinces aussitôt que les échafauds, les noyades, les mitraillades eurent cessé de servir la sanglante jalousie des niveleurs, reprirent naturellement, et certes sans aucun effort, la prépondérance que les vieux souvenirs français, les services rendus par eux et

(1) A Reims, à Châlons, à Auxerre, et ailleurs.

leur famille à la patrie leur donnaient sur l'esprit des peuples. Déjà, sous le directoire, l'union patriarcale des anciens seigneurs et de leurs anciens vassaux se renouait, comme des enfans qui auraient retrouvé leur père, comme des cliens libres qui se choisiraient d'honorables patrons. Napoléon profita de cette tendance de l'esprit national; il appela à lui toute la noblesse française. Accoutumé à ne pas souffrir de résistance, il l'obligea même à recevoir ses faveurs; il ne lui reprochait que de rester oisive, tout en honorant sa fidélité, ses honorables regrets pour la maison de Bourbon. A force de soins, de prévenances, mêlées quelquefois même de rigueur, il réussit à conquérir aussi la plus grande partie de ces respectables dissidens; et ce ne fut certainement pas la conquête dont il fut le moins jaloux. Mais cette noblesse était affaiblie par les tempêtes révolutionnaires; il dut grossir ses rangs éclaircis : il le fit avec autant de génie que de sagacité, et recruta ce corps d'élite nationale de tous les services rendus, de toutes les hautes notabilités magistrales, civiles, militaires et scientifiques. La rentrée des Bourbons, premiers gentilshommes de France, dut faire croire qu'ils se hâteraient de saisir la question aristocratique au point où Napoléon l'avait laissée, et que, reconnaissans enfin de tout ce que la noblesse avait héréditairement fait pour eux, ils joindraient à cette reconnaissance l'action de la politique, en fortifiant ce premier boulevard du trône, en répudiant l'odieux système que des ministres ineptes ou pervers avaient depuis si long-temps suggéré. La statue du plus coupable de tous, du cardinal de Richelieu, offerte aux hommages du public sur l'un des ponts de la capitale, prouva que l'expérience du passé était perdue pour l'avenir!....

Nous avons traité plus haut la question des biens nationaux de seconde origine : je le répète, dans cette grave et délicate question, il n'y avait qu'à laisser faire; nulles dispositions écrites ne devaient s'en occuper. Qui ne sait qu'à raison du vil prix de ces ventes, la croyance d'un rappel de fonds, pour lésion trop forte de ventes, était dans tous les esprits sous le consulat et l'empire? Nul doute que, peu à peu, acquéreurs et spoliés ne se fussent, en grande majorité, arrangés à l'amiable; car avant tout il fallait éviter de nouvelles secousses, et n'ordonner ni de rendre ni de conserver. L'équité des nations est grande, lorsqu'on ne force ni n'étouffe sa voix;

elle finit toujours par classer le juste et l'injuste; tout réside dans une question de temps (1).

Quant à l'état de la presse, la restauration la trouva presque déshabituée de s'occuper des affaires politiques. Les Mémoires de Stanislas Girardin nous apprennent que le premier consul trouvait plus dangereuse encore l'influence d'un mauvais journal sur l'esprit du peuple, par les mensonges et les absurdités dont il pouvait l'empoisonner quotidiennement, que les discours d'un président de club de jacobins. « Ce dernier, disait « le général Buonaparte, ne corrompt que quel« ques individus dans une enceinte renfermée; « un journal va chaque jour aux extrémités de « la France porter le trouble et semer le men« songe. »

Si le général Buonaparte vivait de nos jours, je ne sais s'il changerait d'opinion; toujours est-il

(1) Heureux sont les peuples où la délicatesse nationale a plus de force que la force des lois elles-mêmes! Je parle de faits qui existent, en disant qu'en Angleterre les biens confisqués sur les partisans des Stuarts, dans le dernier siècle, sont protégés par les lois, par la politique, et cependant restent toujours en défaveur dans l'opinion publique. En France, en Roussillon, des biens furent aussi confisqués, sous Louis XIV, par suite de révolte politique : ces biens ont encore moins de valeur que les autres; c'est qu'en fait de confiscation pour faits politiques, chaque propriétaire, de quelque opinion qu'il puisse être, se dit dans sa conscience : *Hodiè tibi, cras mihi.*

qu'en 1814 les esprits étaient habitués à ne voir dans la presse qu'un moyen d'augmenter les progrès de l'industrie, du commerce, des belles-lettres, de la civilisation, enfin des véritables lumières du peuple, au lieu d'y trouver un foyer d'incendie et de destruction.

Quant aux autres positions morales de la société, un coup d'œil rapide suffira pour indiquer ce qu'elles étaient au moment de la première restauration. Le paysan, dans ses champs, ne s'occupait point des controverses de la politique, et n'aspirait qu'à sauver ses fils d'une dévorante conscription, à vendre le mieux possible le fruit de son travail, et à satisfaire à ses contributions. Le peuple des villes, également occupé de ses intérêts particuliers, s'occupait peu de système de gouvernement, n'attribuait qu'à une guerre sans terme les maux qu'il endurait, mais, plus rapproché que nous des horribles bouleversemens de 93 et 94, n'aurait vu, dans l'anarchie et dans les barricades, qu'un moyen certain d'aggraver ces mêmes maux. La jeunesse, soumise et studieuse, ne pensait pas qu'en renversant l'ordre immuable des temps, repoussant l'instruction offerte par l'histoire des siècles passés, et détruisant les annales de tous les peuples, ce dût-être à des mentons imberbes à dicter des lois et des conseils aux têtes mûries et aux cheveux blanchis par l'âge et l'expérience.

Après avoir ainsi présenté rapidement l'état *des choses* qui existait en France en 1814, nous allons examiner le chapitre encore plus délicat des personnes.

TITRE SECOND.

DES PERSONNES.

CHAPITRE PREMIER.

Fausse assertion de Manuel. — Intérêt que fit éprouver Louis XVIII; portrait de ce prince. — De Charles X. — Obsessions coupables et conseils dangereux des courtisans. — Pensée du cardinal de Richelieu. — Maxime de La Bruyère. — Autre maxime de La Bruyère sur les courtisans dévots et athées. — Affabilité des réceptions de Charles X. — Portraits du dauphin, de Mme la dauphine, de MADAME, duchesse de Berri. — Quelques mots sur Mgr le duc de Berri, et conséquences de sa fin tragique.

MALGRÉ l'assertion de Manuel, démentie par toute la France, la rentrée de l'ancienne race de nos rois causa une satisfaction universelle. A cet amour du nouveau, qui sourit toujours aux illusions et à la légèreté inconstante des peuples, vinrent se joindre de vieux souvenirs. Ils arrivaient jusqu'à nous avec cette empreinte précieuse et sacrée que le temps imprime au passé; les imperfections, les taches mêmes de l'ancien régime n'occupaient plus la pensée des Français, fatigués de tant de secousses; ils étaient même las de victoires; ils voulaient le repos : l'Europe entière le leur offrait avec les fils de saint Louis; ils furent reçus comme le gage sacré d'une alliance universelle des nations, pour la paix et le bonheur du monde. Ces princes étaient des personnages inconnus pour la plupart des Français; une génération toute entière s'était développée depuis leur émigration : avides de les voir, de les connaître, tous voulurent juger par eux-mêmes des traits, du caractère de ces princes, qu'un miracle rendait à la France. Essayons d'esquisser quelques-uns de ces traits.

Louis XVIII intéressa par ses infirmités mêmes. Le contraste avec Napoléon était complet; et si l'activité de ce dernier avait lassé le peuple le plus actif de la terre, l'état forcé d'immobilité du nouveau souverain promettait à la France un long repos. Les royalistes espéraient que l'expérience de la révolution l'avait guéri des idées systématiques dont il avait donné de tristes preuves à l'assemblée des notables, et dans d'autres circonstances de cette révolution. Ils espéraient que la fidélité et le dévouement ne seraient plus récompensés comme le fut la conduite du malheureux Favras; ils entourèrent de vœux et d'hommages sa rentrée aux Tuileries.

L'histoire impartiale retracera le portrait moral fidèle de ce prince; elle dira avec nous que beaucoup d'instruction, de finesse dans l'esprit, d'heureux à propos ne suffisent pas pour illustrer un règne et assurer la stabilité d'un trône.

Humble et fier, susceptible à l'excès pour l'étiquette de sa cour, et caressant l'égalité révolutionnaire, faisant le roi absolu avec la fidélité, et le roi très-constitutionnel avec les libéraux, n'estimant aucune opinion politique que celle qui pouvait lui être profitable, aimant les favoris et détestant les conseils, d'une mémoire imperturbable sur tous les faits passés, hormis sur ce qui avait des droits à sa reconnaissance; déshérité depuis sa naissance du feu sacré qui anime le monde, sa conduite envers la France et les femmes fut la même, c'est-à-dire que, sans passions, il joua les grands sentimens, et qu'abondant en brillantes promesses, il fut très-stérile en résultats. Si la Métempsychose était pour nous article de foi, nous aurions cru voir dans Louis XVIII l'âme de *Machiavel*.

La bonté et la grâce avaient présidé à la naissance de Mgr le comte d'Artois; prince vraiment Français, il montra dans sa jeunesse toutes les qualités, et jusqu'aux brillans défauts qui sont le partage de notre nation; qualités et défauts qui procèdent les uns des autres, qu'il est absurde de ne pas comprendre, et dont il est maladroit de ne pas savoir profiter. Galant, brave, spirituel, aimant les plaisirs et l'honneur, bienfaisant et sensible, s'il eût vécu dans un temps plus chevaleresque et moins amolli par le luxe et l'avilissante étiquette des cours, il eût été un prince gentilhomme dans toute l'étendue du mot. Obligé de fuir sa patrie dans la force de l'âge, vingt-deux ans d'exil, des afflictions publiques et particulières, jointes à la marche des années, tournèrent vers la consolante religion l'âme tendre de ce prince; il devint dévot; et n'ayant pu suivre la marche des évènemens intérieurs de la France, il y revint sans l'expérience nécessaire pour bien comprendre l'état où elle se trouvait. Il crut qu'un ardent amour pour ses compatriotes, pour la gloire et pour le bonheur de la France serait suffisant. Sujet soumis sous son frère, il eut (osons respectueusement le dire), il eut le tort, étant monté sur le trône, d'imiter la marche ambiguë de ce prince, ce système de bascule politique toujours fatal au gouvernement qui l'emploie; il voulut continuer l'union étrange et incompatible de la révolution et de la légitimité. Son âge, ses bonnes et faciles intentions, l'inhabitude du travail aidèrent merveilleusement la médiocrité et l'influence des divers ministres qui l'entourèrent. Tous, presque sans exception, poussèrent le char mal reconstruit de la monarchie dans l'ornière révolutionnaire; gouvernant au jour le jour, redoutant toutes les capacités qui eussent fait ressortir leur médiocrité particulière, et ne fondant rien pour l'avenir. Je n'attaque nullement la probité et les intentions de ces divers ministres; mais je ne puis voir en eux que des hommes d'affaires, et nullement des hommes d'Etat, ne sachant concevoir que des règlemens de finance et des lois d'intérêt du moment, lorsque la France réclamait des institutions politiques.

Si les courtisans, qui n'usaient de leurs tyranniques obsessions auprès de leur trop bon maître que pour en arracher des faveurs et de l'argent, eussent, même dans leur intérêt bien entendu, désiré la gloire et la conservation du pouvoir de ce prince, ils eussent osé lui représenter qu'après vingt-cinq ans de révolutions, un roi de France ne pouvait affermir son trône qu'en se dévouant incessamment à l'action de son autorité; que cette action devait se montrer à tout instant, et partout, prouvée par beaucoup de soins, de fatigues et de charges; que le peuple français, remuant, actif par nature, l'était devenu encore davantage depuis la révolution; qu'il avait soif de voir souvent le roi qui lui avait été rendu; qu'en conséquence, il était loin d'être rassasié par l'annonce quotidienne, et presque unique, que les journaux lui donnaient des nouvelles de la cour (1). « Voir son roi souvent, dit le cardinal de Richelieu lui-même dans son *Testament politique*, est aussi indispensable aux Français que le soleil l'est à la terre. » Si les courtisans de Charles X eussent été occupés d'autre chose que de leur intérêt, ils eussent représenté à ce bon prince, que l'étiquette de Louis XIV, déjà lourde et fatigante en 1700, était insupportable et rebutante en 1820; que les rois et les princes devaient, comme leurs auteurs, avant le prétendu grand roi, vivre davantage avec leurs peuples, représentés par les classes distinguées de la nation; que la véritable grandeur, surtout en France, comme dit La Bruyère, gagne à se laisser *toucher et manier*, non par la populace, mais par les notabilités françaises. Ils lui eussent conseillé d'honorer de ses visites les châteaux et les familles historiques; de donner des audiences populaires, comme les souverains de Russie, d'Allemagne et d'Espagne; de se montrer souvent dans les lieux publics, au spectacle surtout, afin de paraître approuver et partager ce qui plaît et

(1) Le roi, après avoir entendu la messe, est parti pour la chasse.

plaira toujours à une nation brillante et spirituelle, le goût des plaisirs et le goût des beaux-arts.

Enfin, ils eussent osé dire à leur maître que, tout en donnant, comme chrétien, comme fils aîné de l'Eglise, l'exemple de la pratique des vertus chrétiennes, il est une influence que le Français d'aucune époque ne peut supporter, et certes bien moins encore depuis la révolution, l'influence du clergé dans les affaires publiques; que soupçonner désormais le souverain de la France de se laisser diriger ou par des prêtres, ou par des associations mystiques, c'était donner des armes et des prétextes à l'impiété et à la révolte. La bonté de Charles X se laissa tromper par les dehors religieux de ses courtisans. Hélas! il aurait pu se rappeler quel affreux débordement de mœurs et d'irréligion, sous la régence de Philippe, duc d'Orléans, suivit l'hypocrisie de la fin du règne de Louis XIV. *Un courtisan dévot sous un roi dévot,* dit encore La Bruyère, *est un courtisan athée sous un roi athée.*

L'affabilité des réceptions de Charles X charmait tous les cœurs; nul ne peut dire être sorti de son audience sans reconnaissance et amour; malheureusement il n'osait pas assez de lui-même satisfaire aux demandes qu'il eût désiré accorder, et même aux promesses qu'il voulait bien faire. Plus malheureusement encore il accorda des bienfaits dans la pairie, l'armée, l'administration, etc., à des instigations également dangereuses, quoique, certes, bien opposées, l'influence dévote d'une part, et la révolution de l'autre. On offrait souvent à sa signature, et comme par compensation mutuelle, des noms qui n'avaient d'autre mérite que de suivre des missions et des sermons, et des noms qui, désignés par la révolution et le parjure, semblaient n'être acceptés que par la crainte. Le royaliste dévoué, mais fier et indépendant, éprouva plus d'une fois le triste résultat de cette double concurrence.

Oserai-je parler du dauphin, auparavant duc d'Angoulême?... Hélas! l'histoire recueillera des faits trop nombreux et trop prouvés; elle dira que celui qui eut le triste et rare privilége de mécontenter tous les partis, de ne pas trouver une seule voix pour le louer, un seul cœur pour le regretter dans sa troisième fuite, devait réunir toutes les conditions positives pour déplaire aux yeux, attrister les âmes généreuses, dégoûter et diminuer ses partisans, encourager et grossir le nombre de ses ennemis; elle présentera à l'éducation des princes, comme exemple à éviter, la sécheresse du langage et la bizarrerie des formes, le peu d'égards envers les premiers fonctionnaires de l'Etat, l'antipathie pour la noblesse, et l'inconvenance incroyable de ses réceptions publiques; malheureuse de remplir un rigoureux devoir, mais inflexible dans ses jugemens, l'histoire de France déplorera d'inscrire à côté du nom d'un petit-fils d'Henri IV, les mots *ingratitude, absence de moyens*, et *libéralisme !* S'il suffisait d'une qualité pour tenir lieu de beaucoup d'autres, je parlerai toutefois de la bravoure de ce prince; mais, Français, gentilhomme et Bourbon, comment aurait-il pu ne pas en montrer?

Préoccupé d'une seule idée, du pouvoir absolu, il en faisait dans sa pensée le plus étrange alliage avec les idées du moment; jaloux de conserver ce pouvoir dans toute son extension pour son usage quand il régnerait, il le voulait ainsi sous les règnes de son oncle et de son père; toutefois, imprégnant tout du système de la révolution, c'était contre les victimes de cette révolution, comme plus maniables, plus dociles, qu'il était despote; il leur reprochait le *quand même*, et les punissait de trop d'amour. Cependant, une ingratitude surpassa la sienne, ce fut celle des révolutionnaires, pour lesquels il fit tout, et qui n'aspiraient qu'à le punir de cette étrange bienveillance!

Si les temps anciens et modernes nous ont offert de grandes infortunes; si ces infortunes ont été d'autant plus dignes de notre profonde pitié, que ceux qui en furent l'objet excitaient au plus au degré l'intérêt par leur rang, leur sexe, leur âge, rien ne doit surpasser celui que doit nous inspirer la dauphine, duchesse d'Angoulême, fille de Louis XVI. Ses malheurs depuis son enfance doivent être un pénible sujet de méditation pour tous ceux qui croient que naître sur le trône est un bienfait du Ciel. Condamnée aux douleurs, la fille de Marie-Antoinette (de cette illustre reine, dont le courage fut aussi haut que la naissance, et dont les plumes de ses infâmes bourreaux, trempées dans la boue et dans le sang, ont essayé vainement de noircir les vertus héroïques, comme reine, épouse et mère), MADAME, contracta nécessairement une longue habitude de tristesse, d'éloignement des plaisirs, de défiance de tout le monde, habitude que les évènemens arrivés depuis la restauration durent accroître encore. A cette propension trop naturelle d'esprit se joignirent une profonde piété et la fierté du sang de la maison d'Autriche. De ces deux principes agissant constamment sur sa pensée, dérivent nécessairement toutes les actions de cette auguste princesse, malheureusement pas assez en harmonie avec une nation qui la revoyait après vingt ans d'absence; elle y revint pour pleurer de grandes infortunes; la France ne demandait, au contraire, que de pouvoir les lui faire oublier, et voulait que le bonheur devenant la conséquence du retour de la légitimité, détruisît la trace de nos longues années d'infortunes. Rien ne surpasse l'intérêt immense, universel que causa la princesse à sa rentrée en France; mais le caractère français n'est pas la tristesse; ces cérémonies funèbres et expiatoires, pour des crimes politiques commis depuis longtemps, et dont nul de nous ne voulait ni ne devait être déclaré solidaire, lui déplurent, comprimèrent et changèrent les dispositions nationales. Le respect silencieux, la vénération suivirent toujours les pas de la princesse, mais l'attraction du peuple français s'en détourna. Les formes grâcieuses, un constant sourire, des manières indulgentes et bonnes jusque dans les refus, des réceptions aimables, jamais de ces mots indifférens en eux-mêmes, mais terribles dans la bouche d'un prince envers son inférieur, beaucoup de soins, de peines, de fatigues même pour plaire sont si nécessaires dans les princes, pour se concilier l'amour des peuples, et surtout du peuple français!.....

Tout cela se trouva dans une princesse que le Ciel créa pour ses plus grands desseins et ses plus secrets mystères. Séparée par le temps et les distances de la tige aînée des Bourbons, la sève de cette tige généreuse n'en coulait pas moins avec toute sa pureté et son énergie dans les veines de Mme la duchesse de Berri.

Digne d'épouser un prince objet éternel de notre amour et de nos regrets, jamais union ne fut mieux assortie; même énergie de sentiment, même dignité chevaleresque dans le cœur. Petite-fille de Henri IV, tout ce qui est grand, généreux, occupe constamment la pensée de cette princesse. Familière avec noblesse; récompensant d'un mot, d'un sourire, d'un regard la fidélité, et punissant, par un parfait contraste, le parjure et la rébellion, tout en accueillant avec bonté le repentir; adorée des royalistes, respectée des libéraux, sa brillante vivacité, son ardent désir de plaire à la France, son heureux naturel, qui s'identifiait avec le naturel de ce beau pays, lui faisaient partager sa vie entre la douceur de sécher les larmes de l'infortune, les encouragemens des beaux-arts et de l'industrie, et le plaisir de participer aux fêtes, qui sont indispensables aux Français, et qu'ils aiment tant à partager avec ceux qui les gouvernent!

Je ne réveillerai pas des souvenirs cruels en parlant du duc de Berri; deux vérités seulement attestent le prix dont son existence était à la maison de Bourbon : 1° La révolution, en remettant son poignard aux mains de Louvel, savait qu'elle détruirait son plus redoutable ennemi.

2° Si le prince eût vécu au mois de juillet 1830, sa digne épouse et lui auraient maintenu les fleurs de lis sur les armoiries de France, et préservé nos églises du pillage et de la profanation.

CHAPITRE II.

LA COUR.

Opinion fausse et vulgaire du caractère des Français. — La noblesse honorée par les rois, bien qu'ils s'efforçassent de l'affaiblir.—Mot admirable d'Henri IV. — L'étiquette de Louis XIV a préparé la révolution. — Réceptions peu convenables chez M. le dauphin. — Mot de M. de Chateaubriand sur les courtisans : peu d'entre eux soutenaient le nom de leurs aïeux. — Noblesse de province, véritable soutien du trône. — Exemples des anciens preux de France, offerts à leurs descendans. — Nos anciens rois marchaient toujours à la tête de leurs armées.

Celui qui a dit que le caractère léger des Français demandait de la gravité dans leur chef, a professé l'ineptie la plus forte et la mieux démentie par les annales de la France. Ce furent les flatteurs de la vieillesse de Louis XIV qui inventèrent cette sotte maxime. Nos rois les plus chéris furent nos rois populaires : j'entends par ce mot non un roi populacier, prostituant ses bontés aux dernières classes de ses sujets, mais un roi vivant dans une sorte de familiarité avec les classes élevées de ses sujets, participant à leur joie domestique, honorant les chefs de ses guerriers (1). Tel on vit un Montmorency être le parrain de Charles VI; François Ier armé chevalier par Bayard; Henri III assistant à la noce de Claude de Harville; Henri IV disant à Sully, qui venait d'avoir une altercation vive avec le duc d'Epernon : *Si tu te bats, mon ami, je serai ton second.* Mille autres traits pareils prouvent que, jusqu'au sérieux et maladif Louis XIII, le funeste système anti-aristocratique, conseillé par les mauvais ministres et suivi par les rois faibles ou incapables, était souvent vaincu par la voix de l'honneur et de la bonne foi, que Louis XII nous indique comme devant toujours habiter dans le cœur des vrais rois. Nous voyons dans l'histoire que ceux qui ont le plus dignement occupé le trône de France, ne *daignaient pas* (selon la formule de ces derniers temps) aller avec fracas s'amuser chez leur noblesse, mais qu'ils partici-

(1) Il est bien à remarquer que si la funeste politique des Capétiens a toujours visé à ruiner le principe aristocratique, toutefois, jusqu'à Louis XIII, c'est-à-dire jusqu'au fondateur de l'école révolutionnaire (le cardinal de Richelieu), nos rois guerriers, par une sorte d'égalité chevaleresque, ne pouvaient s'empêcher d'honorer *individuellement* ces illustres compagnons d'armes. Depuis Louis XIII, et sur-tout depuis Louis XIV, le prince se sépara de sa noblesse, et la révolution commença.

paient de grand cœur, et sans étiquette, aux fêtes que dans les châteaux, dans les villes, leurs fréquens voyages les mettaient à même de recevoir. C'était le vrai père de famille, le vrai roi des Français, et non le roi-satrape, tels que l'étiquette improvisée du dix-huitième siècle avait rendu nos monarques; odieuse étiquette, qui ne datait pas de cent ans, et qui séparait presque entièrement le roi de ses peuples, au profit de quelques ambitieux ministres et de quelques vils courtisans, et qui fut une des causes de la révolution. Comment peut-on servir avec idolâtrie celui que l'on ne voit jamais, ou du moins bien rarement? A la restauration, nous dûmes croire qu'enfin cette étiquette serait ou détruite ou bien modifiée, que nos princes se rappelleraient les exemples de leurs prédécesseurs avant Louis XIII, et qu'ayant vu à Londres, à Vienne, à Pétersbourg la popularité avec laquelle les souverains de ces grandes cours recevaient leurs sujets, et se mêlaient avec eux (1); nous dûmes

(1) En Russie, les funérailles des principaux fonctionnaires de l'Etat sont toujours suivies de quelques princes de la maison impériale. A Vienne, l'empereur donne, deux fois par semaine, audience dans son cabinet à tous ses sujets indistinctement. Le même usage est suivi par le roi absolu des Espagnes. En Angleterre, comme en Russie, le souverain et les princes viennent s'asseoir familièrement à la table de leurs sujets, etc.

croire, dis-je, que nous aborderions nos princes avec facilité; qu'ils honoreraient souvent de leur présence nos fêtes, nos réunions particulières; qu'enfin ils n'étaient pas revenus, si ardemment désirés, pour rester invisibles derrière les murs des Tuileries et de Saint-Cloud. Cette espérance fut bientôt déçue; la terrible étiquette, au milieu d'un pays saturé de libéralisme, reparut comme sous Louis XIV; on ne pouvait voir ses princes, quelque rang qu'on eût dans l'Etat, que par des audiences difficilement obtenues; et la réception publique du dimanche, excepté chez le roi Charles X, dont la bonté et l'affabilité étaient toujours parfaites, n'offrait qu'une fatigante et inutile corvée, que, néanmoins, le devoir obligeait de remplir de temps en temps. Celui qui lira ce que j'écris, et qui aura subi l'humiliante épreuve d'une réception chez M. le dauphin le dimanche, aura sans doute éprouvé le sentiment de peine et de douleur que chacun, après avoir été pendant une heure froissé, empilé, meurtri contre les portes ou contre les murs, après avoir laissé souvent même sur le champ de bataille une partie de ses décorations, de son costume, pour recevoir tout au plus un regard du prince, emportait en s'éloignant de ces inconvenantes réceptions.

Les personnes de la cour que l'on appelle avec raison de *grands courtisans*, à la place des *grands seigneurs* d'autrefois (1), ne songeaient qu'à utiliser à leur profit le temps présent, et ne pensaient à l'avenir que pour amasser le plus de ressources financières. Tout, dans leur idée, était tourné vers ce but unique; faisant la cour à tous les ministres, de quelque système qu'ils pussent être, afin d'en obtenir, soit pour eux, soit pour leur famille ou leurs créatures, des places à émolumens. Ils spéculaient sur l'agiotage de la Bourse; et d'après les bonnes ou mauvaises nouvelles, qu'ils cherchaient à savoir les premiers, leurs agens jouaient pour eux à la hausse ou à la baisse sur les fonds publics. Cette conduite, connue de tout le monde rapportait à ce bataillon doré beaucoup d'argent et la déconsidération générale. Parmi ces héritiers des grands noms de la monarchie, qui les écrasaient de leur poids historique, il y avait sans doute plusieurs exceptions à faire, mais elles auraient dû être plus nombreuses. Complaisans, souples, caressans pour les grandes célébrités révolutionnaires, pour tous ceux qui leur inspiraient des espérances de fortune et des craintes de réaction, ils réservaient

(1) Mot de M. de Chateaubriand.

leur morgue et leurs grands airs de cour pour le simple gentilhomme de province, dont la famille, souvent plus ancienne que les leurs, réalisait depuis des siècles les deux vers d'un de nos plus aimables poëtes (Michaud) :

Habitant le château qu'habitaient ses aïeux,
Comme eux servant les rois et les fuyant comme eux,

et qui venait du fond de la France pour voir une fois dans sa vie le prince auquel il avait sacrifié les deux tiers de sa fortune et son existence entière. De celui-ci on ne redoutait rien, par conséquent on pouvait tout lui refuser, mais on en exigeait, en outre, le fameux *quand même;* et si devant des traitans, des banquiers, des avocats on s'efforçait d'abjurer les souvenirs et les nuances aristocratiques, on les retrouvait dans toutes leurs rigueurs pour rétablir le plus de distance possible entre la noblesse habitant la cour, et la noblesse habitant la province.

Nul de ceux qui ont vu ce tableau de près ne pourra, sans manquer à la bonne foi, en contester la vérité du moindre trait.

Châtillon, Coucy, Lapalisse, Duguesclin, Clisson, illustres Français, gloire de la patrie, vous dont les nobles cœurs, à l'exemple de vos aïeux, ne palpitaient que pour l'honneur de la France et le service de votre roi ; vous dont les fronts couronnés de lauriers auraient rougi d'une flatterie de courtisan, autant que d'une lâcheté devant l'ennemi de la patrie ; si du sein des monumens où reposent vos illustres cendres, vos âmes généreuses pouvaient voir les héritiers de vos grands noms hériter si peu de vos mâles courages et de votre fière indépendance, ah ! vous éleveriez votre voix ; et vos sanglans reproches s'adresseraient aussi bien à vos descendans, devenus courtisans et flatteurs des rois, qu'à ces rois eux-mêmes, qui ont préféré des flatteurs et des courtisans à ces nobles et fiers guerriers toujours aussi prêts à leur dire d'austères vérités qu'à combattre et mourir pour eux et sous leurs ordres contre les ennemis de la France !

Mais aussi, dans ces temps pleins d'honneur et de simplicité, on parlait peu d'étiquette, et les princes menaient toujours eux-mêmes leurs soldats à l'ennemi.....

CHAPITRE III.

DES MINISTRES.

Etrange choix de Fouché par Louis XVIII; mal qu'il causa à la morale publique. — Note du cabinet prussien, après les cent-jours. — Ministères de l'abbé de Montesquiou, de M. d'André, de M. de Vaublanc. — Conduite de Louis XVIII envers ce dernier. — Ministères et portraits de M. le duc de Richelieu, du duc Decazes, de M. de Villèle, de M. Corbières, de M. de Martignac, du prince de Polignac, du comte de Peyronnet, de MM. de Chabrol, Hyde de Neuville, Courvoisier, Capelle, etc. : leurs bonnes intentions. — Mot de Bossuet *sur les bonnes intentions.*

L'admission d'un des assassins de Louis XVI, en 1815, dans les conseils de Louis XVIII, fut plus qu'un délit politique, ce fut une faute. Manifeste éclatant d'indifférence et d'insensibilité, le ministère de Fouché fit plus que d'entacher la mémoire de Louis XVIII, il confondit la morale publique, brouilla les idées reçues du juste et de l'injuste : on se demanda à quel degré de crimes politiques s'arrêteraient les faveurs du prince; et dès lors la fidélité et le malheur purent mesurer le glacial horizon d'ingratitude qui se découvrit devant eux. Fouché se retira bientôt devant l'opinion publique, comprimée un moment, mais dont l'action royaliste était incompatible avec son administration. Sous elle, après la seconde invasion, fut répandue cette fameuse note du cabinet prussien, qui ne réclamait de la France des indemnités, pour cette seconde invasion, que sur les biens des Français qui auraient concouru, par leur parjure et leur révolte, à détrôner de nouveau leur roi, et à nous ramener le fléau de l'étranger. Louis XVIII se garda bien de faire droit à cette note, et les sujets restés fidèles payèrent comme les sujets qui avaient oublié leurs sermens. Nouvelle leçon de morale publique donnée au peuple français!

Les malheurs des cent-jours n'avaient pu être prévenus ni réprimés par l'esprit léger de l'abbé de Montesquiou, ni par la capacité un peu trop restreinte et fort imprévoyante de M. d'André. Après cet interrègne, la franchise et la loyauté de M. de Vaublanc ne firent qu'apparaître au ministère; sa vigueur, la chaleur de son âme, l'élévation de ses vues, contrastaient trop avec l'ex-gouverneur de la Crimée pour pouvoir le faire siéger long-temps au ministère avec M. le duc de Richelieu. M. de Vaublanc fut remercié le lendemain même du jour où Louis XVIII lui avait fait le meilleur accueil.

Si quelque chose au monde pouvait dégoûter de la loyauté et des bonnes intentions dans un ministre, le ministère du duc de Richelieu devrait produire cet effet. Logeant dans son cœur *loyal* et dans sa tête étroite et légère les principes incompatibles du despotisme russe et du libéralisme français, son administration fut une continuelle macédoine de ces deux choses ennemies. Confondant les hommes et les affaires; s'irritant avec la candeur d'un enfant, et s'apaisant de même; se défiant des gens de la révolution, et les employant comme seuls capables; estimant les obstinés soutiens du trône, et les éloignant comme ineptes, ultras et embarrassans; prenant, quittant, reprenant le ministère comme il l'eût fait d'une maîtresse, l'histoire peindra son caractère par cette phrase, qu'il adressa à un de ses collaborateurs (1), en décembre 1821, montant en voiture pour quitter le ministère et la France : *Ma foi, gouvernera qui pourra; je n'entends rien à vos Français.*

L'étoile de M. Decazes se leva sur la France. Cet astre, qui n'avait brillé que dans des régions moyennes, devint bientôt, avec la faveur exclu-

(1) M. de B****.

sive du roi Louis XVIII, la lumière éclatante qui fixa tous les regards. Né de parens obscurs, dans une petite ville de province, son ambition et sa vanité étaient en proportion absolument inverse de sa naissance. Si ces deux sentimens pouvaient être satisfaits, ils auraient dû l'être chez M. le duc Decazes, car jamais accumulation de places, de titres, de dons ne fut plus grande et plus prompte. Favori de l'aveugle fortune, il se crut un nouveau Cinq-Mars, sauf la catastrophe du favori de Louis XIII. Il profita des goûts bizarres de Louis XVIII pour plaire à ce prince, autant par des citations d'Horace et de Lucrèce que par sa bonne mine et le brillant de son esprit. Repoussé par le reste de la famille royale (le dauphin excepté), il lui voua une haine superbe, qu'il étendit à tous ceux qu'il ne put attacher à son système. Despote constitutionnel, il unissait, dans ses calculs et dans sa conduite ministérielle, toute la fougue et l'inexpérience de la jeunesse avec les mots creux et sonores d'*idéologie* et d'*impossible exécution*. Nul ne compromettait plus souvent le *nom du roi* dans ses discours et ses correspondances officielles. Nouveau *Teucer*, il se couvrait sans cesse de ce bouclier sacré pour empêcher les attaques personnelles, et pour accuser au moins d'irrévérence toute observation qu'on aurait osé lui adresser. Très-fier de son duché allemand, et ennemi de la noblesse française, dont il était une fraîche recrue, son ministère n'eut aucun plan arrêté. On le soupçonna de perfides desseins, dont ses victimes mêmes ne le crurent pas capable. L'esprit ne suffit pas pour être chef de parti; il fallait plus de tête, de vigueur et de talent qu'il n'en avait, et moins de *superficialité*, pour oser tenter de devenir un maire du palais.

Si l'on pouvait accumuler tous les moyens de réussite en faveur d'un ministère, on n'en imaginerait jamais davantage que ceux offerts à M. de Villèle, lors de son avènement au pouvoir. Qu'avait-il à craindre? que pouvait-il désirer? Tout était pour lui : sa réputation d'homme à talent et d'honneur, de royaliste éprouvé, était incontestable. Le ministère Richelieu venait de tomber à vide; la famille royale le voulait unanimement; l'esprit de la France l'appelait au pouvoir; la Chambre des députés l'y avait porté en immense majorité, et s'apprêtait à l'y soutenir; celle des pairs, moins bienveillante, et dont l'opinion bigarrée se nuançait des couleurs de ses divers créateurs, pouvait être modifiée à la volonté du ministre par de nouvelles créations de pairs; la paix était en dedans et au-dehors de la

France. Quelle puissance de faire le bien avec une Chambre dévouée, rendue septennale! mais aussi quelle responsabilité, si ce ministère ne fixait pas le destin de la France! M. de Villèle eut, pour créer des institutions immuables, plus de pouvoir que nul des ministres les plus absolus que l'histoire de France nous présente : cette histoire inscrira dans ses fastes si M. de Villèle a rempli sa mission.

Honnête homme, mais croyant peu en général à l'honnêteté humaine; habile faiseur d'affaires, mais effrayé d'une haute combinaison politique; toujours occupé plutôt à tourner la difficulté qu'à la détruire, la laissant par conséquent toute entière, M. de Villèle crut que badigeonner l'édifice de la monarchie, c'était le consolider; que des lois d'intérêt du moment étaient des institutions politiques; qu'un gouvernement représentatif ne pouvait aller que par le principe de toutes les séductions possibles; que lui seul devait toujours avoir raison; qu'en conséquence un ministère ne pouvait gouverner qu'avec des gens gagnés ou médiocres, et repousser tout ce qui ne serait pas dans ces deux catégories. Il eût désiré, il faut lui rendre cette justice, rencontrer plutôt la médiocrité jointe à l'honnêteté, que cette même médiocrité dans des cliens peu estimables; mais ce beau idéal du gouvernement représentatif n'est pas toujours dans la main du ministre; et force lui fut, quand il ne pouvait les écarter, de combler de faveurs tout ce qui lui offrait une concurrence de talens ou une opposition redoutable, quelque peu d'estime qu'il leur portât intérieurement. Ayant le rare avantage d'être toujours maître de lui, sa modération constante lui donnait la victoire sur les virulentes attaques de ses adversaires, souvent même quand il avait tort. Savant dans l'art de discuter avec l'air de franchise, et d'embrouiller les explications avec l'air de les éclaircir; faux bonhomme politique, toujours prêt à répondre aux interpellations sans jamais les résoudre, la partie honorable, mais toute crédule, du côté droit, sur laquelle il exerçait une fascination absolue, ne résistait jamais à l'accent larmoyant que prenait sa voix lorsqu'il terminait un discours. Il descendait de la tribune, désolé en apparence de n'avoir pu faire passer dans l'esprit de ses adversaires la conviction... qui n'était pas dans le sien (1).

(1) Les libéraux osèrent porter contre M. de Villèle un acte d'accusation!.... D'après les élections de 1827, en voyant le résultat de la direction donnée à l'esprit public pendant son omnipotence de sept ans, ce n'eût pas été des bancs de la gauche qu'eût dû partir une accusation.

Les évènemens ont prouvé, en résultat, qu'on pouvait être un habile homme d'affaires, avoir le cœur plein des meilleures intentions, entrer et sortir d'un ministère tout puissant les mains nettes, mériter parfaitement le titre d'*honnête homme*, et cependant être bien loin d'offrir en soi le ministre qu'il fallait pour de si graves circonstances.

M. Corbières aussi *était un honnête homme;* tel était le refrain de ses amis, lorsqu'on exprimait l'avis qu'il fallait ne pas être le moins travailleur de tous les hommes et le plus distrait de tous les fonctionnaires, pour être ministre de l'intérieur. « Mais il ne fait rien dans son ministère, et nuit à qui veut faire. — Soit; mais c'est un très-honnête homme! — Nous en convenons; mais, fort heureusement, il y a beaucoup d'honnêtes gens en France, et cette qualité seule ne suffit pas pour être ministre de l'intérieur. Son extrême distraction..... — Ah, c'est un bien honnête homme! — D'accord; mais rien ne marche avec lui: tout s'arrête; il ne répond à aucune de vos lettres, et vous tourne le dos quand vous lui parlez. — Il est si honnête homme! — Parbleu! si vous appliquez à nos graves affaires la *tarte à la crême* de Molière, vous vous tirerez facilement d'explication; mais vous nous laisserez croire, avec toute la France et la postérité, et d'après ce qui reste du ministère septennal de M. Corbières, qu'excepté la qualité d'honnête homme, il possédait toutes les qualités négatives d'un ministre (1). »

Je ne parlerai pas des autres ministres qui ont momentanément fait partie des divers cabinets; seulement je dirai quelques mots des deux qui ont attaché leur nom à deux formations de ministère, MM. de Martignac et prince de Polignac.

L'esprit fin, observateur, défiant, gracieux du premier, pouvait faire vivre l'arbre royal des Bourbons quelques années encore, en humectant ses racines de douce rosée et de petit-lait clarifié, à la place de suc généreux et de sève bouillonnante dont il avait tant besoin. Les secousses eussent été douces, le poison révolutionnaire et républicain se serait infiltré dans le corps monarchique sans grands déchiremens, et la couronne se serait un jour trouvée par terre

(1) Peu de personnes étaient aussi anti-aristocratiques que M. le *comte* Corbières. Un jour, lui représentant la nécessité de faire une aristocratie, il m'interrompit brusquement en disant : « On ne fait pas une aristocratie; elle se fait toute seule et par le temps. — Pardonnez-moi, M. le *comte,* dis-je; il faut la faire, en ce sens qu'il faut la constituer, car les élémens existent : rien, que la destruction, ne se fait de soi-même; tout tend à se détruire quand on n'édifie pas.

sans avertir de sa chute par quelques bruits précurseurs. Mais ce n'est pas la faute de M. de Martignac s'il n'était point taillé proportionnellement aux circonstances. Ses formes aimables, son obligeance, son insinuante éloquence, la grâce de sa personne, ses bonnes intentions pour la légitimité, et surtout son dévouement admirable à la défense du ministre qui le remplaça, lui méritent et lui conserveront une place honorable dans nos annales. Tout le monde ne peut pas avoir cinq pieds huit pouces, le bras d'*Alcide* et le génie de Montesquieu.

Je voulais essayer de tracer le portrait du prince de Polignac. Tout en respectant ses incontestables vertus privées, le jugement que l'histoire portera du ministre sera sans aucun doute plus sévère que ne peut l'être le portrait de l'homme privé. Je ne me hâterai donc pas de le faire : ses malheurs et sa position cruelle, contemporaine de cet écrit, effacent les couleurs de ma palette et brisent mes pinceaux. Quelques suites désastreuses qu'aient pu avoir les ordonnances lancées sous son ministère, qui ne doit pas être touché de l'immuable fidélité scélée de tant de persécutions dont M. de Polignac a rempli une vie toute dévouée aux descendans de Saint-Louis? S'il a commis des fautes, ceux qui l'ont vu sous le poids d'une accusation capitale, en 1804, et, vingt-six années plus tard, encore en péril de mort, et toujours confesseur de la même foi politique, doivent respecter les erreurs, les fautes même de ce martyr de la fidélité!

Le même sentiment retient ma plume, et lui défend de parler de M. de Peyronnet. Toutefois, si je crains de mêler quelques pensées sévères aux nombreux éloges que ce ministre obtiendra de la postérité, je ne puis m'empêcher, en songeant à son beau talent oratoire, à sa rare capacité, de souhaiter à tout souverain un ministre aussi ferme de volonté, aussi dévoué à son service; mais je dois en même temps désirer à ce ministre des collègues qui ne soient pas toujours prêts à énerver ses plans et à jalouser son mérite.

Dans cette position, qui se renouvela plusieurs fois, n'aurait-il pas dû plutôt, ce me semble, rendre son portefeuille que d'y placer des projets de lois morcelés ou préparés contre sa pensée, et dont néanmoins on chargeait sa responsabilité particulière?

Il faut donc que rendre un portefeuille soit toujours un grand sacrifice!....

MM. de Chabrol, Courvoisier, Chantelauze, Guernon-Ranville, Capelle, etc..., etc..., et *tutti quanti* d'autres ministres occuperont encore plus de place dans cette brochure qu'ils n'en occuperont dans l'histoire. On trouvera leurs noms dans les almanachs royaux de la restauration. Vainement les historiens les plus scrupuleux voudront-ils, par les plus minutieuses investigations, trouver quelques fastes curieux et utiles de leur ministère, quelques institutions fortes, graves, profondes, des conceptions d'hommes d'Etat, des moyens de préserver le trône des Bourbons de l'orage qui ne cessa de gronder sur lui. Ils furent aussi, comme M. Corbières, d'honnêtes gens; ils eurent, certes, de bonnes intentions........ Bossuet a dit, à propos des bonnes intentions, *que l'enfer en était pavé.*

Nous avons rempli à peu près le plan que nous nous étions proposé pour cette brochure.

Nous avons indiqué ce que nous croyons qui existait dans *les choses* qui ont préparé, amené la catastrophe du mois de juillet.

Nous avons tracé quelques portraits politiques et moraux d'*hommes* que nous croyons avoir le plus contribué, même sans le vouloir, à cette catastrophe.

Nous devons maintenant finir par ce que nous pensons qu'il eût été possible de faire pour la prévenir.

CHAPITRE IV.

RÉSUMÉ.

Nécessité indispensable d'une puissante aristocratie. — Point d'aristocratie, point de société politique possible. — Les parchemins sont le dépôt des faits qui illustrent les nations par les familles. — En affranchissant l'aristocratie, les rois ont miné leurs trônes. — Ce qu'il fallait faire depuis la restauration pour affermir le trône et rendre les peuples heureux et tranquilles.

La péroraison de cet écrit présentera la même pensée que son exorde, point d'aristocratie, point d'état social possible ; c'est la guerre constante faite à l'aristocratie par la fatale politique des Bourbons, depuis Louis XIII surtout, qui conduisit Louis XVI sur la place de la Révolution (1) ; c'est la déplorable obstination à continuer cette guerre, qui vient, pour la seconde fois, de repousser cette famille si infortunée à *Holy-Rood*. Sans une aristocratie qui ne peut être exclusive en faveur de quelques-uns, mais au contraire à laquelle toutes

(1) Les inquiétudes que pouvaient donner aux rois quelques seigneurs puissans ne leur étaient pas préjudiciables ; je dirai plus, elles leur étaient utiles ; elles les forçaient à se montrer dignes d'être leurs chefs ; elles les obligeaient aux grandes actions ; elles les empêchaient d'être rois fainéans.

les notabilités morales et matérielles ont le droit d'aspirer et l'honneur d'atteindre, qui doit exciter toutes nos généreuses émulations et balancer la funeste aristocratie d'argent, on ne peut imaginer une société politique habitable, une monarchie supportable, une république même existante. Jamais il n'y a eu de civilisation possible sans aristocratie, jamais il n'en existera. Les vertus républicaines produisent la ciguë de Socrate, l'ostracisme d'Aristide, et voilà tout (1). A la place de l'aristocratie de naissance, supportez, si vous pouvez, l'aristocratie des richesses; et moi aussi, je la préfère aux ingratitudes, aux bouleversemens, aux massacres de la démocratie; mais examinons de près la morgue, la vanité des aristocrates de comptoir, et demandez-vous quelle aristocratie est préférable, ou celle de l'argent, ou celle des parchemins, qui ne sont que la tradition écrite des grands et généreux services rendus héréditairement à la patrie et aux souverains par une même famille.

Les conséquences forcées de ces raisonnemens sont donc que l'affaiblissement de l'aristocratie est une des causes premières de la chute du trône des Bourbons. Ce même système qui l'a ren-

(1) Corneille a dit :

« Le pire des Etats, c'est l'Etat populaire. »

versé, renversera infailliblement toutes les dynasties de l'Europe, si leur politique n'agit pas incessamment en sens invers.

Il fallait donc, depuis 1814, que toute la politique de la maison royale restaurée suivît constamment la marche dont je vais indiquer les principaux traits.

Je le répète, à mon avis, il fallait :

Garder le plus profond silence sur tout ce qui regardait les ventes dites *nationales*, diminuer l'action de Paris sur les provinces, action qui les réduit au vasselage le plus humiliant, et les fait appeler *bourgs pourris* (1), qui ne leur permet de parler de religion politique que celle imposée par les journaux de la capitale ou comité directeur, qui leur fait recevoir une Constitution, une Charte, un nouveau serment comme un ballot de marchandises. Pour cela, il fallait établir de grands gouvernemens, investis de grands pouvoirs, qui auraient pu faire des distributions de places et de faveurs. Le gouvernement ou vice-roi pris parmi les princes de la famille royale, ou parmi les hommes les plus illustres de la monarchie, mais les autorités sous leurs ordres choisies toutes dans les localités, et puisées dans les familles les plus considérées, et dont l'influence eût été en-

(1) *Journal du Havre.*

core augmentée de cette manière par le pouvoir qu'elles eussent exercé.

Si on eût reconnu l'impossibilité de recomposer les Etats provinciaux (ce que j'eusse vivement désiré, mais formés toujours de trois corps ou ordres : la *noblesse*, les *bourgeois*, les *paysans* ou *agriculteurs*) ; et si la Charte de Louis XVIII eût dû avoir son exécution, il fallait non qu'il l'*octroyât*, mais qu'il la soumît aux délibérations d'une assemblée nommée par les colléges alors existans, puis, que cette Charte fût présentée à l'acceptation d'assemblées composées de citoyens ayant intérêt à la conservation et à l'honneur de la patrie. Le mode en aurait pu être indiqué par le roi, l'urgence excusant l'irrégularité de la convocation, et l'insuffisance régulière des pouvoirs du souverain (1). Cette Charte aurait dû subir l'épreuve du temps. Une époque désignée, cinq ans, dix ans, par exemple, eussent fourni une expérience suffisante; et tous les vingt ans la révision de tel ou tel article de cette Charte qui n'aurait plus été en harmonie avec la situation politique de la société, aurait pu être demandée par les Etats provinciaux, ou par les deux Chambres, si telle avait été l'organisation sociale.

(1) On voit que la maxime *du droit divin* n'est pas ma religion politique.

La pairie n'aurait dû être nommée par le souverain, que sur une liste de candidats présentée par un collége électoral de pairie par département. Ce collége devant renfermer toutes les notabilités de naissance, de la fortune, de services publics et de capacité, chaque département devant être représenté à la Chambre des pairs, point de pairie héréditaire, la noblesse seule devant représenter cette hérédité, l'une excluant nécessairement l'autre; définir les rangs et les honneurs attribués à la noblesse par l'article 71 de la Charte, dans la plus large extension possible, de manière à donner aux notabilités bourgeoises l'honorable désir de faire partie de ce premier corps de l'Etat; accueillir avec empressement toutes les demandes d'ennoblissement de la part des hautes notabilités bourgeoises; n'accorder qu'à la noblesse et qu'aux personnes qui auraient rendu des services à l'Etat et au roi dans toutes les carrières possibles, des décorations, priviléges et distinctions; exclure absolument de ces faveurs honorifiques les gens de finance et tout ce qui se dévoue exclusivement au culte de l'or.

Changer le système d'enseignement des écoles; instruire à fond nos jeunes gens des causes et des effets de la révolution de 1789; leur en retracer les atrocités; leur montrer le danger des utopies politiques, les crimes populaires, les théories inexécutables; nourrir leur intelligence des livres, écrits, mémoires, de ces temps d'éternelles méditations et d'éternelles malédictions; puiser, surtout, les preuves de tous ces faits dans des sources irrécusables pour l'esprit de parti, dans les journaux révolutionnaires; dans les rapports officiels des souverains à bonnet rouge de l'époque; dans les mémoires de ces gens vertueux, mais idéologues, qui, ayant rêvé l'impossible, avaient aidé à détruire ce qui existait, et n'avaient reconnu leurs erreurs qu'en montant sur l'échafaud dressé par la conséquence de leurs propres principes; il eût fallu alimenter l'âme et le cœur de ces jeunes genspar une nourriture généreuse, en leur mettant sous les yeux les fastes illustres des vieilles et nobles chroniques de leurs ancêtres; les entretenir des traits grands, héroïques des familles de leurs provinces, soit pour augmenter chez ceux qui portaient un nom illustre la vertueuse émulation de surpasser le nom de leurs aïeux, soit pour faire naître dans l'âme de ceux dont le nom était encore inconnu la vive ardeur de s'en créer un, et d'en faire le plus bel héritage de leurs descendans.

Il eût fallu que le roi eût une cour très-peu nombreuse en courtisans; qu'il menât une vie toute active, toute militaire ou administrative; qu'il voyageât beaucoup; qu'il n'eût eu, à bien dire, de résidences fixes nulle part, ainsi que l'avaient fait les rois jusqu'à Louis XIII; qu'il eût visité ses diverses provinces, sans suite, sans avis officiel; qu'il eût, comme les François Ier, Louis XII, Henri IV, honoré beaucoup de châteaux de sa présence, et se fût montré populairement aux peuples des campagnes, toujours escorté d'une nombreuse noblesse, et dans les villes, des corps municipaux et de la bourgeoisie.

Il aurait dû, par de plus longs séjours, par de plus abondans bienfaits, par encore plus de popularité, récompenser les pays de France qui avaient tant souffert pour sa cause; et dans les pays qui étaient restés immobiles, il aurait fallu que sa présence, ses discours eussent fait palpiter tous les cœurs du regret de ne pas avoir trouvé l'occasion de rivaliser d'héroïsme et de fidélité avec les contrées immuablement royalistes. La voix du souverain aurait dû se faire entendre directement et fréquemment à ses peuples, par des proclamations, des lettres autographes écrites à des fonctionnaires dont les services auraient mérité des éloges directs. Que la dévotion des princes (osons le dire) fût mesurée, et ne ressemblât pas à celle des particuliers, la pratique la plus religieuse d'un souverain étant la consécration de tous ses momens à l'administration du peuple qu'il a l'honneur de gouverner; que les pratiques extérieures de la religion par le prince fussent rares, pompeuses, dignes du culte qui en est l'objet, mais dégagées des minuties qu'un particulier peut assurément faire en toute liberté, mais auxquelles un roi, toujours en évidence, ne peut se livrer sans s'exposer aux traits malins du ridicule, et par conséquent à la déconsidération. Soutenir et faire respecter un clergé nombreux, lui donner une grande aisance qui puisse exciter des vocations autres que celles des mortifications et des martyres, mais se tenir toujours en garde contre la tendance historique de son esprit dominateur.

Être bien moins prodigue de décorations; ne pas les prostituer ainsi qu'il en a été fait, de telle sorte que le militaire, l'administrateur, le magistrat, le diplomate, l'homme de lettres ne soient pas confondus avec l'artiste le plus vulgaire, le traîtant, le joueur de gobelets et même le charlatan (1), maladresse politique énorme, faute irrémédiable qui desséchait un des plus

(1) On poussa le dédain des décorations jusqu'à donner la croix de la légion à l'homme qui montrait la baleine, en 1830, sur la place Louis XV.

grands moteurs de puissance du gouvernement.

Il fallait que le souverain ne donnât pas lui-même l'exemple de la confusion des idées monarchiques, en donnant à des gens de l'origine la plus obscure le premier insigne de France et de l'Europe, celui que les premiers souverains s'honoraient de recevoir, le Saint-Esprit; il valait mieux supprimer cet ordre, que de dénaturer ainsi la base de sa création : c'était manquer aux intentions des rois fondateurs; c'était manquer à ses propres sermens, et, ce qui était bien plus dangereux et coupable, c'était fausser toutes les idées nationales. Quel libéral, bouffi d'orgueil, aujourd'hui se serait cru plus grand, en recevant le cordon bleu, que les illustres maréchaux de France Fabert et Catinat en le refusant? Il fallait, en modifiant la condition absolue de naissance, rétablir l'ordre illustre et politique de Saint-Jean-de-Jérusalem (ou de Malte), d'accord avec les puissances européennes; en faire un lien commun à toute l'aristocratie d'Europe, par un triple motif d'utilité générale, la religion, le soutien des familles illustres, et la protection du commerce.

Ne point accumuler à Paris toutes les écoles savantes; en doter les villes de l'intérieur. Cambridge, Oxford, Leipsick, Salamanque, etc., ne sont pas les capitales de l'Angleterre, de l'Allemagne et de l'Espagne. Si nous avions été condamnés à voir, six ou huit mois par an, une manufacture permanente de lois, du moins cette assemblée législative n'aurait pas dû être placée à Paris, séjour de corruption et d'influence pour les députés, tantôt par la séduction, tantôt par la crainte. Des corporations auraient dû être rétablies en France, réunion dont les membres prenaient un esprit solidaire de probité et de soutien les uns envers les autres. Il eût fallu, tout en honorant une noblesse de naissance, en exiger beaucoup : et d'un côté, si ces membres devaient avoir la première part des honneurs publics, leur imposer en balance la première part des charges; punir plus sévèrement un gentilhomme qu'un plébéien, s'il manquait à ses devoirs, et élever très-haut ce dernier, s'il accomplissait plus qu'on ne devait en attendre. Mieux vaut mille fois être le premier de sa race que le dernier de la sienne! Qui n'aurait pas applaudi à une pairie créée pour un Cathelineau, et à la dégradation publique de noblesse de tels ducs ayant renvoyé le cordon bleu, de tels marquis qui auraient abjuré ce titre? Honorer la naissance dans un homme qui se fait gloire d'en être digne, et ne pas réparer le hasard dans celui dont la noble conduite donne un démenti à l'obscurité de la naissance, c'est commettre, disons-le aussi, plus qu'une injustice, c'est commettre une énorme faute politique.

Après ces vues élevées d'ordre public, terminerai-je cette opinion par quelques réflexions d'un ordre inférieur? dirai-je qu'il eût été vivement à désirer que nos princes français se fussent montrés plus souvent dans les lieux publics, au spectacle, dans les promenades, sans suite, sans étiquette (1)? Pourquoi, le répéterai-je encore, ont-ils suivi un autre système que tous les souverains de l'Europe, ainsi que je l'ai dit plus haut? Il leur a mal profité : le Français, communicatif, aime à voir son chef partager ses plaisirs comme ses peines; pouvoir lui adresser directement ses plaintes est déjà une justice, c'est l'espérance..... *Ah! si le roi le savait!*..... cet adage si connu devait céder la place à celui-ci : *Le roi le sait ou pourra le savoir.....*

Je finis : le temps fuit encore plus vîte que ma plume; dans peu de temps, peut-être, cet écrit aurait perdu son seul mérite, celui de l'à-propos..... Mais, non; si mon zèle ne m'abuse pas, si j'ai atteint ou du moins approché le but que je me proposais, quelques lecteurs, convain-

(1) Excepté Mgr le duc de Berri : aussi la révolution l'a-t-elle trouvé le seul redoutable, et l'a assassiné.

cus par la franchise de mes réflexions, partageront la plupart de mes idées. Cependant j'ambitionne davantage, et ma conscience d'homme d'honneur est parfaitement en paix avec cette ambition, j'ambitionne la haute récompense de faire naître quelques sérieuses et neuves méditations dans l'esprit de ceux que le Ciel destine à gouverner les peuples, si cet écrit tombe entre leurs mains, et dans l'esprit de ces peuples eux-mêmes; car nul n'est plus partisan que moi de la véritable liberté, et n'a plus d'horreur de l'esclavage et du fanatisme. Trop heureux si peuples et princes peuvent en retirer quelque bienfaisant résultat pour leur félicité réciproque!

Ainsi, le seul but de cet ouvrage a été de prouver qu'une des causes principales de la chute des Bourbons a été de ne pas avoir assez étendu, honoré et fortifié l'aristocratie.

De prouver que tout Etat qui n'a pas un corps aristocratique nombreux et puissant, est destiné à périr dans des convulsions plus ou moins rapprochées, plus ou moins désastreuses.

Je n'en ai pas eu d'autre.

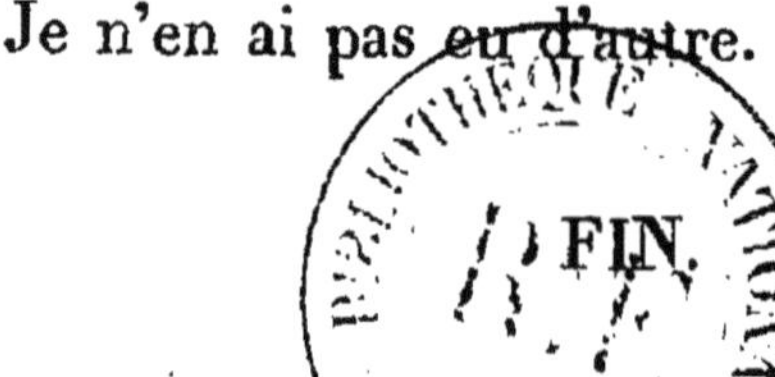

FIN.

TABLE

DES MATIÈRES CONTENUES DANS CET OUVRAGE.

EXPOSITION.

TITRE PREMIER.

LES CHOSES.

CHAPITRE PREMIER.

CHAPITRE II.

CHAPITRE III.

DE LA CHARTE DE LOUIS XVIII.

CHAPITRE IV.

CE QU'ÉTAIT LA FRANCE AU RETOUR DES BOURBONS.

TITRE SECOND.

DES PERSONNES.

CHAPITRE PREMIER.

CHAPITRE II.

LA COUR.

CHAPITRE III.

DES MINISTRES.

CHAPITRE IV.

RÉSUMÉ.

FIN DE LA TABLE.

PARIS. — IMPRIMERIE DE G.-A. DENTU,
rue du Colombier, n° 21.

www.ingramcontent.com/pod-product-compliance
Ingram Content Group UK Ltd.
Pitfield, Milton Keynes, MK11 3LW, UK
UKHW021207220726
13924UKWH00003B/1374

9 782019 967291

ALBUM-GUIDE DE MOSCOU

SUPPLÉMENT AU N° 24 DE LA REVUE
L'Ami des Monuments et des Arts

COLLECTION DES GUIDES

Du NOUVEL ITINÉRAIRE-GUIDE Artistique et Archéologique de Paris

PAR

Charles NORMAND
Architecte diplômé par le Gouvernement,
Directeur de la REVUE DE L'AMI DES MONUMENTS ET DES ARTS,
Secrétaire général de la Société des Amis des Monuments Parisiens.

AVEC UN ALBUM DE PHOTOGRAPHIES INALTÉRABLES

PRISES PAR

Alfred NORMAND
Inspecteur général des Édifices Pénitentiaires,
Membre de l'Institut.

PARIS
AUX BUREAUX DE LA REVUE
98, RUE DE MIROMESNIL 98

NOUVEL

ITINÉRAIRE-GUIDE

ARTISTIQUE ET ARCHÉOLOGIQUE

DE

PARIS

Publié sous le patronage de la Société des Amis des Monuments Parisiens

TEXTE AVEC DESSINS

PAR

CHARLES NORMAND

Architecte diplômé par le Gouvernement;
Secrétaire général de la Société des Amis des Monuments Parisiens;
Directeur de la Revue *l'Ami des Monuments et des Arts*

ÉDITION UNIQUE DES FONDATEURS

L'ouvrage est indispensable à tous ceux qui désirent avoir une connaissance précise et concise, avec détails, des Monuments de Paris. Il a été tenu au courant des résultats des derniers travaux et des dernières fouilles. Aucun travail n'expose encore, sous un format de poche, le motif d'intérêt de chaque partie des édifices de la capitale. Les Monuments modernes y ont trouvé leur place également.

Non seulement tout Parisien voudra avoir l'histoire et la description de cette ville admirée depuis des siècles, mais encore aucun Français, aucun étranger ne peut comprendre Paris et l'histoire de France qui s'y rattache, s'il ne connaît les détails historiques, artistiques, anecdotiques, que cet ouvrage renferme; la belle et riche illustration, le soin typographique, en font le plus joli souvenir qu'on puisse emporter de Paris. Ceux qui ne pourront jamais venir dans la merveilleuse cité pourront du moins, sans fatigue, s'en faire une idée complète.

L'auteur signale, avec grand soin, dans nos édifices, ce qui est ancien et ce qui est restauré.

C'est le complément naturel des publications sur nos monuments, telles que le *Bulletin de la Société des amis des Monuments Parisiens*, la revue *l'Ami des Monuments*, recueil unique sur les œuvres d'art de la France.

Cette édition unique des **Souscripteurs-Fondateurs** du Guide est tirée sur papier spécial. Les exemplaires seront numérotés.